LETTRES

DES ÉLECTEURS

D'UNE COMMUNE

DU DÉPARTEMENT DE L'ISÈRE,

A QUELQUES

ÉLECTEURS DE PARIS.

DE L'IMPRIMERIE DE J. B. KINDELEM.

LETTRES

DES ÉLECTEURS

D'UNE COMMUNE

DU DÉPARTEMENT DE L'ISÈRE,

A QUELQUES

ÉLECTEURS DE PARIS.

Il ne peut y avoir de fixité que dans les sentimens modérés, les seuls qui se soutiennent par leur propre force ; tous les autres ont une action empruntée, et cette action n'est jamais en parfait équilibre avec la vérité. NECKER.

(*De l'importance des opinions religieuses.*)

A PARIS,

Chez **DELAUNAY**, Libraire, au Palais-Royal, galerie de bois ;

ET A LYON,

Chez **SAVY**, Libraire, rue St-Joseph, n.° 5.

1820.

LETTRES

DES ÉLECTEURS

D'UNE COMMUNE

DU DÉPARTEMENT DE L'ISÈRE,

A QUELQUES

ÉLECTEURS DE PARIS.

LETTRE Ire

15 Août 1819.

De quel parti sommes-nous ?

MESSIEURS,

L'HEURE des élections approche, et cependant nous sommes encore très-embarrassés, par quelques doutes qu'il nous importe d'éclaircir, avant que nous présentions nos votes à l'urne électorale.

Il y a dix électeurs dans notre commune. Parmi ces dix, on compte deux *ultra*; savoir : un *ultra-royaliste* et un *ultra-libéral*. (Nous nous servons du même mot latin pour désigner ces deux catégories, parce que nous croyons, d'après le proverbe, que les extrêmes se touchent et se ressemblent sous beaucoup de rapports). Il y a en outre sur les dix électeurs, deux *ministériels*. Nous entendons par ce nom, ceux qui ambitionnent des places (ne seroit-ce qu'un bureau de tabac), et suivent le ministère , semblables au tournesol qui regarde sans cesse le soleil , même lorsque cet astre souffre des éclipses totales.

Ainsi sur dix électeurs nous avons retranché deux *ultra* et deux *ministériels* : il reste six électeurs. Ces six électeurs, qui forment la majorité sur dix, se flattent de ne tenir par aucun point de contact à l'opinion des quatre dont nous vous avons parlé.

Et d'abord, ils diffèrent essentiellement des *ultra-royalistes* : 1.º parce qu'ils aiment le Roi, qui a donné la Charte aux Français ; tandis que les *ultra-royalistes* n'aiment pas le Roi et détestent la Charte. 2.º Parce qu'ils aiment une sage liberté pour tout le monde , tandis que les *ultra-royalistes* ne la voudroient que pour eux, et qu'ils désirent l'esclavage pour le reste de la nation. 3.º Parce qu'ils désirent être gouvernés selon les mœurs du temps présent, tandis que les *ultra-royalistes* voudroient nous régir selon les *us* barbares des temps gothiques. 4.º Parce que, ce que nous appelons la Gaule barbare , ces MM. l'appellent la Gaule poétique.

Nous ne faisons que vous indiquer les différences, les plus générales qui nous séparent des *ultra-royalistes*. Vous voyez donc bien que nous ne pouvons pas nous entendre avec eux. Il est donc certain que nous ne sommes pas des *ultra-royalistes*.

Nous allons vous faire voir que nous ne ressemblons pas davantage aux *ultra-libéraux*. Nous différons de ceux-ci, 1.º parce que nous aimons sincèrement le Roi et la Charte , tandis que MM. les *ultra-libéraux* nous disent tous les jours qu'ils ne veulent ni l'un ni l'autre. Cependant, il faut remarquer que lorsqu'ils écrivent (ce qui n'est pas de même que lorsqu'ils parlent), ils paroissent s'élever contre la violation de cette même Charte dont ils ne veulent pas : ce qui prouve évidemment leur mauvaise foi ; ce qui prouve qu'on pourroit les comparer à *Janus* : car, nous avons lu dans le dictionnaire de la Fable (et nous avons le bonheur de savoir lire, quoique nous soyons nés bien avant la méthode de l'enseignement mutuel) que ce *Janus* avoit deux visages et quelquefois quatre. 2.º Nous différons des *ultra-libéraux*, parce que nous aimons la monarchie représentative, que nous croyons fermement que c'est le seul gouvernement qui puisse nous convenir ; tandis que MM. les *ultra-libéraux* ne rèvent qu'une république chimérique que leur ambition voudroit réaliser, et qu'ils prèchent des principes qui ne peuvent nous conduire qu'à l'anarchie populaire. 3.º Parce que nous aimons le Roi et détestons la république, la dictature et le consulat ; tandis que ces MM. haïssent le Roi, espèrent la république et aimeroient assez la dictature et le consulat. 4.º Parce que nous appelons licence ce qu'ils entendent par liberté ; égoïsme, ce qu'ils appellent patrie ; intrigue perfide, ambition dévorante, ce qu'ils appellent *gloire*. Enfin, vous voyez que notre langue est tout à fait différente de celle qu'ils parlent. Nous ne pouvons donc pas nous entendre avec MM. les *ultra-libéraux*. Nous ne sommes donc pas des *ultra-libéraux*.

Nous ne ressemblons pas mieux aux *ministériels*, et nous en différons surtout, 1.º quant aux habitudes physiques, parce que ces MM. les *ministériels* aiment à marcher le corps plié en deux parties et la tête penchée sur le ventre, tandis que nous préférons marcher *droit*. 2.º Pour les habitudes morales, nous différons, parce que, semblables au caméléon qui prend la couleur du sable mouvant sur lequel il se traîne et tend ses embûches, le *ministériel* prend l'air et imite les habitudes de celui dont il veut conquérir le patronage et la protection. Pour nous, au contraire, nous changeons rarement d'habits, et nos figures ainsi que nos manières, sont à peu près toujours les mêmes; ce qui nous donne quelquefois un air un peu gothique, et fournit occasion à MM. les *ultra-libéraux* de nous dire, avec une ironie démocratique, que nous sommes des *ultra-royalistes*.

3.me différence. Les *ministériels* aiment le Roi seulement parce que le Roi a un ministère, duquel ils attendent des places; tandis que nous, nous aimons le Roi parce qu'il nous a donné une Charte, à l'exécution de laquelle sont attachées toutes nos libertés. 4.º Les ministériels ne voient l'État que dans le ministère, tandis que nous ne considérons le ministère que comme un rouage nécessaire de cette grande machine qu'on appelle le gouvernement. 5.º Sans haïr le ministère, nous sommes toujours vis-à-vis de lui, dans une attitude hostile; par le motif que le ministère, de sa nature, tend vers la concentration du pouvoir, ce qui mène au despotisme, que nous haïssons de toutes les forces de notre âme; tandis que les *ministériels* sont prêts à excuser toutes les fautes du ministère, et à légitimer tout ce qu'il peut se permettre de contraire à la liberté.

D'après tout cela, vous conviendrez que nous différons sous tous les rapports des trois espèces de personnes dont nous vous avons parlé. Eh bien ! comment ne rirez-vous pas, lorsque vous saurez que chacun des partis dont nous différons, nous suppose tour à tour la couleur du parti avec lequel il se trouve lui-même le plus en opposition, et souvent même nous suppose celle du parti intermédiaire ? Ainsi, par exemple, si nous entamons quelque discussion avec un *ultra-royaliste*, dès les premiers mots il nous dit ou il nous fait entendre que nous ne sommes que des *jacobins* ou des partisans de l'anarchie. Si c'est avec un *ultra-libéral* que nous nous trouvons à converser, souvent *à propos de bottes*, à propos d'un habit ou d'une fleur, l'*ultra-libéral* nous fait entendre amèrement que nous sommes des ignorans qui n'aimons pas la liberté, et il nous renvoie ainsi et sans appel, à l'an mille de l'ère vulgaire.

Les différences ne paroissent pas aussi tranchées lorsque nous conversons avec un *ministériel*; nous paroissons être d'accord en apparence sur quelques points, quoique nous différions essentiellement dans l'application; et voici comment cela arrive : le *ministériel* tient toujours plus au ministère actuel qu'il ne peut tenir au ministère passé ou au ministère futur, parce que l'un ne donne plus de places et que l'autre n'en donne pas encore. Or, le ministère actuel tomberoit si le gouvernement du Roi venoit à tomber. Il y a donc nécessité, pour le *ministériel*, de soutenir le gouvernement du Roi. La ressemblance d'opinion sur quelques points n'est donc qu'apparente; mais la différence réelle consiste en ce que le *ministériel* n'aime que pour lui seul le Roi et le gouvernement (*prima sibi charitas*), tandis que nous, nous aimons le Roi et la Charte pour la France et pour les Français.

Mais toute espèce de similitude cesse entre nous et les *ministériels*, lorsqu'il est question de la responsabilité des ministres, du budjet, ou bien du *jamais* de M. de Serre, et du *toujours* de M. de Cazes (1).

______

(1) On lui avoit donné le surnom d'*éternel*, à cause de son long séjour au ministère.

Pour en revenir à la dénomination que nous donnent les *ministériels*, il faut savoir qu'ils nous supposent ou *ultra-royalistes* ou *ultra-libéraux*, suivant les oscillations de leurs pensées. Dans les cas très-rares où nous paroissons avoir avec eux quelque concordance, cela n'empêche pas qu'ils ne nous donnent les qualifications dont nous venons de parler, parce que la conversation ne finit jamais sans qu'il arrive que nous soyons de sentimens opposés avec ces messieurs.

Vous voyez donc, messieurs, que nous ne pouvons être compris ni par les uns ni par les autres. Ce qui peut nous arriver de moins fâcheux, c'est de n'être traités que de *ministériels* : car, il faut dire qu'il y a quelques *ultra-libéraux* qui, moins impétueux que leurs confrères, et ne pouvant se dissimuler l'énorme distance qu'il y a entre nous et un *ultra-royaliste*, nous qualifient doucement de *ministériels*.

Ainsi, de quelque manière que nous agissions, de quelque manière que nous parlions, il est clair qu'on ne fait jamais que nous supposer ce que nous ne sommes pas, et que jamais on ne veut voir ce que nous sommes, ce qui nous jette dans une grande anxiété. Nous sommes même fondés à penser que, puisque personne ne peut nous comprendre, malgré toute la franchise dont nous faisons profession, il pourroit bien arriver que nous n'existassions pas du tout *politiquement*.

Nous restons donc jusqu'ici sans *classification* et sans *nom*; ce qui est d'un grand scandale dans un siècle où les sciences ont fait tant de progrès.

Il faut donc en conclure que si, dans la plus grande partie de la France, il arrive, comme dans notre commune (et nous avons de bonnes raisons pour le croire ainsi), que la majorité des électeurs partage notre opinion politique, alors voilà les deux tiers des électeurs français qui sont devenus inintelligibles pour l'autre tiers ; et nous voilà lancés vers la barbarie, qui commence là où l'on ne s'entend plus.

Autre inconvénient. Le moment des élections approche, les *ultra-libéraux* se battent les flancs, font de mauvais vers et de la plus mauvaise prose pour nous dire des choses *liberticomiques*, et nous présentent leurs candidats.

Pour nous offrir les candidats sur lesquels ils ont fixé leurs regards, les *ministériels* en agissent autrement. Comme disoit Pascal, en parlant de certaines gens : *Ils n'écrivent point, parlent peu et agissent beaucoup.*

Les *ultra-royalistes* semblent être frappés d'inaction dans notre département. Leur grande minorité en est cause. Ils se retirent un moment de la scène avec une grâce toute chevaleresque.

Vous voyez, messieurs, qu'il nous est en conscience impossible d'accepter les candidats qui nous sont présentés par les *ultra-libéraux* et par les *ministériels*. Or, quant à nous, nous ne trouvons point de candidats, par les motifs que les hommes que nous pourrions élire, et qui pourroient nous représenter à la Chambre des députés, ne sont pas connus de nous et ne nous connoissent pas ; puisque, ainsi que nous vous l'avons dit plus haut, notre opinion, qui, nous l'espérons, est celle de la majorité des Français, n'est pas encore connue en France, et ceux qui la professent n'ont encore reçu aucune dénomination particulière ; ceux mêmes qui la partagent ne savent pas se reconnoître entr'eux. C'est qu'apparemment ce n'est pas un parti.

Or s'il est vrai, comme vous pourrez le vérifier par les calculs que vous aurez la bonté de faire, que ce qui se passe dans notre commune eût lieu dans la plupart des communes de France, alors il arriveroit que la majorité des Français ne seroit pas représentée à la Chambre des députés.

Nous vous prions donc de vouloir bien consacrer quelques instans à éclairer notre opinion : car nous croyons que votre manière de voir est conforme à la nôtre. Veuillez nous apprendre si nous sommes dans l'erreur, et si, quant au choix des députés, nous sommes placés dans la fâcheuse alternative de nous joindre aux *ministériels* ou aux *ultra-libéraux*, voire même aux *ultra-royalistes*.

LETTRE II.

1.er Septembre 1819.

Comment le parti national et constitutionnel se forme
des débris des partis ultra.

Nous vous avons parlé dans notre dernière lettre, des trois partis qui prétendoient chacun à lui seul gouverner la France. Car les *ultra-royalistes* disent qu'ils ont ramené le Roi à Paris, et ils se font honneur de la restauration ; les *ministériels* assurent que sans eux le gouvernement royal ne pourroit se soutenir ; et les *ultra-libéraux* nous font l'affreuse promesse qu'ils sont appelés à opérer une régénération nouvelle, puisqu'il est évident, disent-ils, que l'état présent des choses est intolérable.

Nous avons dit que notre opinion ne pouvoit nullement ressembler aux vues ambitieuses de ces trois partis. Mais seroit-il vrai que tout ce que l'on compte de citoyens en France appartînt à l'une ou l'autre de ces catégories, et que nous eussions le malheur de ne trouver de notre avis, que quelques personnes ne formant entre elles qu'une minorité dédaignée par les trois espèces d'hommes qui se disputent le sceptre de l'opinion ?

Il nous importe, pour rassurer notre conscience contre les fausses terreurs qu'on chercheroit à nous inspirer, et pour faire voir à nos concitoyens que l'amour de la patrie est le seul mobile de nos pensées, d'énoncer les principes qui nous persuadent que notre opinion politique est d'autant plus sûre, qu'elle est partagée par la majorité des Français.

Ainsi, la première question qui se présente d'abord à examiner, et que nous soumettons à vos observations, est celle de savoir, s'il est vrai qu'il n'existe en France que des *ultra-royalistes*, des *ministériels* et des *ultra-libéraux*.

Or, nous sommes fermement persuadés que, dans l'intérêt du bonheur de la France, bien plus que dans celui du triomphe de notre opinion, il y a à peine un quart de Français, dont les opinions et les vœux se rattachent à l'un des trois partis dont l'orgueilleuse ambition prétend nous régenter.

Ce qu'il y a de plus bizarre, c'est que les trois factions sont en guerre ouverte l'une contre l'autre, pour se disputer une palme qui ne sauroit appartenir à aucune d'elles, puisqu'il y a un quatrième parti, plus fort, plus nombreux que les trois autres, et qui n'est point disposé à céder une victoire qui ne peut lui échapper. Il nous semble voir trois rois détrônés qui, ayant reçu l'hospitalité chez un peuple puissant, abuseroient de la liberté qu'on veut bien leur laisser, et se battroient pour savoir auquel d'entre eux appartiendroit le sol sur lequel on veut bien leur donner un asile.

S'il restoit démontré aujourd'hui qu'il n'y a en France que des *ministériels*, des *ultra-libéraux* et des *ultra-royalistes*, il faudroit en conclure que la France entière est factieuse; car il y a faction, là où il y a des vœux et des efforts pour renverser et pour détruire l'ordre de choses actuel reconnu bon. Or, il n'est personne qui puisse douter que les intrigues et les manœuvres des *ultra-libéraux* et des *ultra-royalistes*, ne tendent à substituer à l'ordre actuel des choses un gouvernement à leur manière, et que, dans leurs rêves sanglans, ils ne se considèrent d'avance comme les chefs de ces bienheureuses anarchies.

On ne pourroit pas à la rigueur, il est vrai, traiter de factieux le parti ministériel, puisque ce parti, par la force de gravitation que lui donne l'égoïsme, désire la conservation du gouvernement actuel. Mais comme il ne veut conserver que pour lui seul, que peu lui importe comment les choses iront, lorsqu'il ne pourra plus en profiter ; il en résulte que tous les moyens lui sont bons pour se maintenir, et que s'il le falloit, il se feroit factieux, s'il n'y avoit pas d'autre moyen de conserver ses places. La dénomination de parti lui convient donc mieux que celle de faction.

Mais la France n'est pas factieuse, parce que la grande majorité des Français n'appartient pas par l'opinion à quelqu'un des trois partis qui se disputent l'empire.

Pour apprécier cette vérité, et pour suivre d'un coup-d'œil juste le mouvement des opinions actuelles, il faut se reporter à la dernière révolution qui leur a donné naissance. Le retour du Roi, en 1814, à comblé les vœux d'une grande partie des Français; c'étoient les royalistes. Une autre partie n'a point partagé la joie que devoit produire cet heureux événement : c'étoient les buonapartistes. On pouvoit compter alors quelques exceptions à ces deux divisions générales ; mais elles ne produisoient que des nuances inaperçues. L'opinion se divisa donc dès-lors en deux branches ; comme on voit une source jaillir en deux ruisseaux, qui se divisent en s'éloignant en une multitude de petits canaux : mais à quelque distance, tous ces canaux se réunissent, et forment par leur union un fleuve majestueux. C'est cette fusion des partis qui forme déjà aujourd'hui ce que nous appelons le parti national et constitutionnel.

Chacun, en se faisant royaliste ou buonapartiste, ne fit que suivre l'instinct d'un sentiment particulier. La réflexion eut peu de part d'abord au choix de l'une ou de l'autre de ces deux opinions.

Cette multitude innombrable d'individus que la tyrannie de Buonaparte avoit pu atteindre ; tous ceux que la révolution avoit froissés dans leurs intérêts les plus chers, enfin tout ce qui avoit survécu de ces légions nombreuses de victimes des tourmentes révolutionnaires, sourirent au retour sacré des lis.

Vers la fin du règne de Buonaparte, il n'y avoit presque plus en France que deux espèces d'hommes, des courtisans et des victimes. Celles-ci formèrent les rangs du royalisme ; et les hordes nombreuses des thuriféraires, joignant le souvenir de leur bassesse à celui de leurs regrets, se réfugièrent dans le camp des buonapartistes. Là, on vit accourir tous ceux que la révolution avoit absous, que l'opinion publique avoit flétris ; enfin, tous ces vieux apôtres d'une liberté sanguinaire, qui avoient peut-être commencé à rougir de leur idolâtrie pour les Robespierre et les Marat, mais qui, par un reste de vertige, rêvoient encore l'anarchie, sous le nom fastueux de république.

Enfin, il faut le dire, on vit passer sous les mêmes étendards les restes mutilés de cette belle armée, qui n'eut d'autres torts que celui de n'avoir pas distingué assez tôt le vil tyran, du grand général : quoique le despotisme eût déjà, depuis long-temps, passé du palais des Tuileries dans les camps, et qu'il ne fût plus possible de confondre la volonté de fer du tyran, avec les ordres sévères d'un grand capitaine.

Mais l'armée française est pleinement absoute de cette accusation de buonapartisme, par laquelle d'indiscrets ennemis ont tenté de la flétrir. Elle regrettoit

ses lauriers et sa gloire, qui ne périront pas ; elle regrettoit Buonaparte vainqueur aux champs de Marengo
et sur les bords du Nil : mais Buonaparte commandant
des lois au milieu d'un sénat de muets, n'auroit jamais
eu son hommage.

L'armée ne pouvoit donc renoncer ni au souvenir
de celui qui lui avoit appris à cueillir ses premières
palmes, ni au souvenir de sa gloire ; et le soldat
français qui, depuis dix ans, campoit sur les bords
du Tage ou sur les rives du Niémen, étranger aux
convulsions intérieures de l'empire, ne connoissoit plus
la France autrement que par ses trophées militaires.

Aussi, en 1815, si Buonaparte, à son retour de
l'île d'Elbe, fut accueilli par quelques ambitieux comme
empereur de France, il fut reçu par l'armée française
comme son ancien général : et si le tyran ne s'étoit pas
aidé alors de la gloire nationale pour se pousser sur le
trône, jamais le souvenir de son affreux gouvernement, jamais les efforts de ses courtisans ne l'y auroient replacé. Ici, on ne peut s'empêcher de remarquer qu'il y avoit réellement deux hommes dans la
personne de Buonaparte. Pour l'armée française, il
n'étoit qu'un grand capitaine : pour la nation, il
n'étoit qu'un tyran.

Après le 20 mars, le fleuve de l'opinion changea de
cours. Le royalisme étoit à peu près ce qu'il étoit en
1814 : seulement les nouveaux coups que le fugitif de
l'île d'Elbe avoit voulu lui porter, et l'aspect de son
triomphe d'un moment, suivi d'une longue ignominie,
avoient donné plus de courage, en leur prêtant de
nouvelles armes, aux amis de la royauté.

Le buonapartisme avoit péri tout entier aux champs
de Waterloo ; et le fameux acte additionnel avoit été
son testament de mort. Comme général et comme

empereur, Buonaparte n'appartenoit plus qu'à l'histoire. Comme général, il avoit perdu l'estime de l'armée; il n'étoit plus rien pour elle. Comme empereur déchu, quelle apparence qu'il pût jamais, du haut des rochers de Ste-Hélène, ressaisir un trône? il n'étoit donc plus rien pour tous ceux qui espéroient de lui des places et des faveurs.

Le héros du parti n'existant plus moralement, il n'eut même plus l'honneur de lui donner son nom; et dèslors, le mot de buonapartiste tomba en désuétude.

Mais auroit-on jamais pensé que le buonapartisme dût enfanter le libéralisme ! c'est cependant ce qui arriva. Tout ce que le buonapartisme voyoit dans ses rangs (à l'exception de l'armée) de vil et d'adulateur ; tout ce qu'il renfermoit d'anarchistes et d'ambitieux , se para alors du beau nom d'hommes à idées libérales. Comme si, ne pouvant se dissimuler la honte dont le règne des cent jours avoit couvert le buonapartisme , on avoit tâché, à l'aide d'un beau nom et d'une magnifique expression, de faire oublier tout ce qu'il y avoit de honteux dans les rangs de cette faction.

Ce qu'il y eut de plus bizarre , c'est que les mêmes hommes qui avoient couru après le char des cent jours; qui avoient, à l'aide de la flatterie et de l'intrigue , obtenu des places dont ils n'avoient pas eu le temps de se mettre en possession, rentrés dans leur domicile avec l'uniforme de la dignité dont il ne leur restoit que l'habit, se dirent insolemment les plus ardens soldats du parti libéral , sans songer que les moyens de bassesse dont ils étoient encore couverts déceloient leur honte et leur esclavage.

En vain ils ont protesté de leur courage, en vain ils ont dit les espérances qu'ils avoient conçues, que le tyran de la veille seroit le lendemain le défenseur des libertés de la nation, personne n'a été dupe de leur imposture ; et le beau nom de *libéraux* dont ils se sont parés, n'en a pas même imposé aux simples et aux crédules.

Ainsi on voit que, dès 1815, le parti libéral avoit pour chefs des hommes qui ne connoissoient de la liberté que le nom : c'étoient les esclaves d'un tyran qui nous vantoient tantôt le prix de leurs chaînes d'or, et qui vouloient nous faire croire qu'ils étoient libres.

Dans les rangs de ces imposteurs furent attirés un grand nombre d'hommes de bonne foi qui, par un reste d'engouement pour les idées de la révolution, subjugués par l'habitude plutôt que par la haine et la vengeance, restèrent parmi les ennemis de la royauté. Mais ces derniers, éclairés bientôt sur les manœuvres des chefs *ultra-libéraux*, et sur leur véritable but, sont sortis des rangs où ils avoient honte d'avoir figuré si long-temps. C'est à ce dessillement et à cette expérience qu'a dû naissance cette division qui s'opéroit dès-lors, quoique d'une manière inaperçue, et qui s'opère encore entre les libéraux simples, qui se mêlent parmi les royalistes constitutionnels et les *ultra-libéraux*.

Le règne des cent jours, en exaspérant toutes les passions, avoit rallumé les haines des partis. Aussi les royalistes au-delà de la charte, ou les *ultra-royalistes*, montrèrent-ils bientôt un esprit d'intolérance, une fureur de domination qui ne pouvoient être surpassés que par le fanatisme et la rage de leurs antagonistes.

Aussi, dès-lors, un trait de lumière vint éclairer les royalistes constitutionnels sur la fausseté de leur position. Tranquilles sur la bonté de leur opinion, que leur garantissoit la bonne foi de leur conduite et leur amour pour le Roi, ils virent avec étonnement à leurs côtés les hommes qui s'étoient vantés de les surpasser par leur attachement aux Bourbons, s'égarer dans des systèmes de vengeance, prêcher les haines et les réactions, et, par une folie outrageante pour la bonté royale, séparer dans leurs acclamations comme dans leur amour, la personne du Roi de la personne des princes.

Le mépris de la Charte et des institutions royales et constitutionnelles devint le texte ordinaire de leurs discours. L'inépuisable sagesse du monarque ne put trouver grâce à leurs yeux. Et comme les choses n'alloient pas au gré de leur ambition et de leurs vengeances, ils répétèrent sans cesse que tout alloit mal. Enfin, leurs déclamations les firent regarder par les gens sages et modérés comme les plus ardens ennemis du trône.

Alors les royalistes et les ultra-royalistes qui étoient partis du même point, et qui sembloient devoir marcher sans cesse au même but, se séparèrent dès les premiers pas. Les uns allèrent se briser imprudemment contre les écueils, tandis que les vrais royalistes, ayant pour guide la Charte et la sagesse du Roi, tâchèrent de suivre la route que le bon sens et la prudence indiquent comme la plus sûre, et que nous trace la haute prudence du monarque.

Ainsi les royalistes constitutionnels se séparèrent des *ultra-royalistes*, de même que les libéraux constitutionnels se séparèrent des *ultra-libéraux*.

Tous les hommes que le parti *ultra-libéral* s'aliénoit par ses fureurs, tous ceux qui furent assez sages pour abandonner les rêveries de l'*ultra-royalisme*, tous ces hommes, nous osons le dire, furent conquis au parti national. C'est des ruines de ces deux factions que s'est formé le parti national, dont l'immense majorité couvre le sol français.

LETTRE III.

LETTRE III.

13 Septembre 1819.

Quelle est la nature et la force du parti ministériel.

L'OBJET que nous nous proposons dans cette lettre est pour nous de la plus haute importance, pour éclaircir les questions qui nous occupent. Nous espérons que la réponse que vous voudrez bien nous faire dissipera les doutes qui pourroient nous rester sur la nature de notre opinion et la mesure de nos principes.

Nous vous parlerons d'une classe d'hommes que vous n'aimez pas mieux que nous; nous voulons dire les *ministériels*.

Nous entendons par ministériel, un homme qui ne s'appartient en quelque sorte plus à lui-même, puisqu'il a cessé de faire usage de la plus noble de ses facultés, de sa raison, pour se livrer en esclave à la plus vile des passions.

Nous disons la plus vile des passions, parce que l'ambition est un composé d'un grand nombre de vices, dont un seul suffit pour ternir la réputation d'un homme qui, jusque-là, auroit passé pour vertueux.

Elle se compose de la bassesse, de la dissimulation, du mensonge, de la médisance et de la calomnie; elle y joint quelquefois les prisons et les poignards. Le vol est aussi son apanage; car il n'y a pas de plus criante usurpation que de voir l'ignorance ou la cupidité occuper insolemment la place du mérite et de la vertu.

Le *ministériel*, en un mot, est l'égoïste par excel-

2

lence ; il ne voit dans l'univers que deux personnes, celui qui lui fait l'aumône, et lui-même qui la reçoit. C'est un homme altéré de richesses, qui, à genoux devant la source du Pactole, qu'il implore, vante à tout le monde le fleuve qui n'enrichit que lui seul.

L'opinion d'un *ministériel* est donc la plus sujette à mal raisonner, parce que celui qui l'énonce, renfermé dans le cercle étroit de son individualité et de ses passions, ne peut que s'égarer sur l'intérêt général des nations, qu'il ne voit pas, et qu'il ne peut comprendre. En parlant des autres, il ne parle jamais que de lui-même.

Cette espèce d'hommes a infecté tous les gouvernemens. Dans les monarchies absolues et dans les états despotiques, ils forment la tourbe des courtisans. Dans les gouvernemens républicains, ils sont les flatteurs du peuple qu'ils poussent à l'anarchie pour devenir ses maîtres. C'est ce que nous connoissons en France sous le nom de jacobins ou d'*ultra-libéraux*, lesquels excitent les passions populaires pour renverser le régime constitutionnel, et parlent de république pour arriver au despotisme.

Dans les monarchies constitutionnelles, les *ministériels* sont les flatteurs des ministres et les apôtres des budjets, dont ils profitent ou dont ils espèrent profiter.

Aux premiers jours de la restauration, il y avoit déjà des *ministériels* ; mais comme les passions occupoient tout l'espace, la réflexion manquoit pour les signaler. Dans les momens de l'exaltation nationale, les nuances disparoissent ; les yeux éblouis n'aperçoivent que les grands traits. On ne voyoit alors que deux classes d'hommes ; savoir : ceux qui se disoient les amis du Roi, et ceux qui s'en proclamoient les adversaires.

Sans les discussions de la chambre, qui, en mettant en évidence toutes les opinions individuelles des membres qui la composent, ont forcé chaque député, par une gravitation naturelle et une force d'assimilation, de se réunir à ses *coopinans*, sans doute on ne parleroit pas encore de *ministériels*.

Le ministérialisme est un vice politique, et le moment où on commence à l'apercevoir est celui où la réflexion se montre dans toutes les classes de la population. Car, nous le répétons, lorsqu'une assemblée nationale est livrée aux mouvemens violens des passions populaires ou aristocratiques, les nuances d'opinions échappent, parce qu'alors les nuances n'existent presque pas ; les passions emportent toutes les opinions vers l'un ou l'autre extrême.

Ainsi la chambre des députés a matérialisé des nuances d'opinions qui n'étoient qu'intellectuelles ; en sorte que telle partie de la salle, le côté droit ou le côté gauche, par exemple, indique que ceux qui y prennent place ont telle ou telle opinion politique.

Ce seroit sans doute en ce moment une grande erreur de penser, que la chambre des députés représente les opinions de la France à tel point, que telle ou telle opinion auroit dans la nation un nombre d'adhérens dans une proportion à peu près égale qu'elle en a parmi les membres de la représentation nationale. Ainsi, par cela même que les *ministériels* sont plus nombreux dans la chambre que les *ultra-libéraux* ou que les *ultra-royalistes*, il ne faut pas en conclure qu'il y a en France plus de *ministériels* que d'*ultra*.

Nous croyons au contraire que les *ministériels* ne forment à eux qu'une très-petite minorité en France, quoiqu'ils s'offrent en majorité dans la chambre. Il

suffit de quelques observations pour faire de cette proposition une vérité démontrée.

Il faut d'abord se demander dans quels rangs, parmi
quels hommes, la France, depuis qu'elle a le bonheur
d'avoir une Charte constitutionnelle, s'est vue forcée
d'aller chercher ceux qui devoient la représenter.

On ne fait pas les hommes aussi vîte qu'on peut
faire une constitution. Et tous ceux qui observent la
marche des choses n'ont pu s'empêcher de remarquer
que la Charte royale auroit plutôt rendu à la France
sa gloire et son repos, si la nature, d'accord avec ses
heureuses institutions, avoit formé tout à coup des
hommes assez forts pour en apprécier toute la sagesse,
assez énergiques pour la faire exécuter dans toute sa
pureté.

La Charte a donc, de nécessité, pris les hommes au
point où ils se trouvoient en 1814, la plupart façonnés
au despotisme, un grand nombre tellement inquiets
de tant de gouvernemens, qui dans un intervalle de
vingt-cinq ans s'étoient pressés les uns sur les autres,
qu'ils n'ont accepté le meilleur de tous qu'avec une
défiance qui ressembloit quelquefois à la haine et à
l'antipathie. Enfin, elle n'a trouvé que l'égoïsme et
l'ambition lorsqu'elle prêchoit le désintéressement et la
philosophie ; que la vengeance et la haine, lorsqu'elle
proclamoit l'oubli du passé et la paix de l'avenir.

Il est résulté de cette marche forcée des choses, que
lorsqu'il a fallu faire des choix pour la représentation
nationale, les yeux ont d'abord cherché ce qui s'étoit
le plus illustré dans le maniement des affaires publiques.
Mais la plupart des hommes qui fixèrent l'attention
avoient plus de célébrité que de gloire, plus de gloire
que de vertu ; et la transition brusque du despotisme
à la liberté, en amenant le changement dans les choses,

ne l'avoit pas amené dans les hommes. La plupart de ceux que la pourpre impériale avoit illustrés, furent appelés à construire l'édifice de la liberté, avec les mêmes mains qui avoient soutenu le trône hideux du despotisme.

Il en est résulté encore que ces mêmes hommes dégénérés par l'habitude de l'encens et de la flatterie, et trempés pour ainsi dire dans le charlatanisme impérial, ne trouvant plus leur centre de gravitation, puisque la Charte avoit proscrit le despotisme, se sont attachés par une tendance naturelle à ce qui pouvoit ressembler le plus au despotisme sous un gouvernement libéral, c'est-à-dire, à la puissance ministérielle.

Il est donc naturel de croire que jusqu'au moment où la France pourra offrir à la députation nationale des hommes vierges du despotisme, et de l'anarchie révolutionnaire; jusque-là les banquettes ministérielles seront toujours occupées; jusque-là la nation ne sera pas représentée d'une manière digne d'elle; jusque-là on verra beaucoup de députés revenir dans leurs foyers avec des places de préfets ou de conseillers d'état; et leurs concitoyens, en les voyant ainsi décorés du cordon ministériel, leur diront : Ce n'étoit pas pour cela que nous vous avions choisis.

Le plus grave des inconvéniens qui résulteront de cet ordre de choses, c'est que la majeure partie de la nation ne sera pas représentée, puisqu'il y aura dissidence d'opinions et contrariété de principes entre les représentans et les représentés, entre les mandans et les mandataires; puisqu'il y aura majorité de *ministériels* dans la chambre, et minorité de *ministériels* dans la nation. De là, la difficulté de s'entendre sur les intérêts communs; de là, une source de mécontentemens pour un grand nombre; de là enfin, une multitude d'obstacles qui retarderont notre marche vers ce point de repos, qui doit être la stabilité constitutionnelle.

Nous disons que tandis que le parti ministériel occupera une majorité dans la chambre des députés, la nation ne sera pas réellement représentée. En effet, pour qu'il fût certain que les mandataires remplissent le vœu de leurs mandans, ou en d'autres termes, pour qu'il y eût *représentation*, il faudroit démontrer que la majorité de la chambre n'est ministérielle que par cela même, que la majorité de la nation est ministérielle. Par la même raison, que l'étendue d'un effet quelconque est toujours nécessairement en raison de l'étendue et de la puissance de sa cause. Ainsi, d'après ce principe incontestable, une opinion en majorité dans la représentation nationale, devroit toujours supposer une opinion semblable en majorité dans la nation.

Or, l'expérience de ce qui se passe autour de nous fera convenir à tous ceux qui sont de bonne foi, qu'il arrive précisément le contraire de ce qu'on pourroit penser à cet égard. En effet, à l'exception de Paris et de quelques autres villes, où les salariés du gouvernement sont nombreux, les hommes que l'on qualifie aujourd'hui de *ministériels* sont à peine connus dans le reste de la France. Et si le ministère actuel n'envoie bientôt une légion de moniteurs mutuels pour apprendre à tous ce que c'est qu'un *ministériel*, il pourroit bien se faire qu'on restât long-temps, sur beaucoup de points de la France, dans une ignorance extrême à cet égard.

Mais c'est moins par les discours que par les actions qu'on juge les hommes, et surtout les *ministériels*. Or, voyons si, en suivant cette voie que la raison nous indique, nous trouverons dans les départemens beaucoup d'hommes de cette couleur.

Quand même nous comprendrions dans cette caté-gorie tous les gens en place , même les membres des tribunaux (quoiqu'on y trouve un grand nombre d'hommes à qui l'inamovibilité de leurs fonctions con-serve l'indépendance d'opinion); quand nous ajoute-rions encore la moitié du nombre des gens salariés pour représenter ceux qui sont *ministériels* par désir (car on pèche par la seule intention), c'est-à-dire, tous ceux qui aspirent à une place, et qui, sans cesse au guet pour la première vacance qui se présentera, se préparent à disputer entr'eux de bassesse et de présens pour l'obtenir; quand on feroit, disons-nous, une énumération semblable, à coup sûr, nous n'arriverions pas à trouver la centième partie de la population.

Mais en calculant sur des proportions moins étendues, et ne conservant, si on peut s'exprimer ainsi, que les unités qui représentent les dixaines, les centaines et les mille, notre argument deviendra plus palpable.

On dit qu'il y a en France cent mille électeurs ; nous voudrions bien qu'on nous apprît combien on peut en compter de *ministériels*. Les électeurs jouissent en gé-néral d'une honnête aisance , qui les garantit des pas-sions intrigantes et ministérielles. La plupart sont fixés dans leurs domaines, livrés aux soins de l'agriculture, et il est rare d'en voir quelques-uns abandonner ces heureuses occupations pour courir la carrière de l'in-trigue.

> *Gaudentem patrios findere sarculo*
> *Agros . . . .*
> *Nunquam dimoveas . . . .*

On ne connoît guère dans les communes que le maire et le percepteur qui soient placés sous l'influence des gouvernans; encore est-il très-rare de voir des maires aux ordres des préfets , dont ils sont assez indépendans par la nature de leurs fonctions , essentiellement gratuites.

Pour mettre à leur aise ceux qui se proposeroient de contester ces calculs , nous supposons tous les maires *ministériels* , et nous ne voulons porter qu'à dix le nombre des électeurs dans les communes assez considérables pour nécessiter la présence d'un receveur des contributions ; alors , par une supposition qui est bien au-delà de la réalité , nous n'aurions jamais qu'un cinquième de *ministériels* (le maire et le percepteur des contributions) , et le plus souvent un dixième. Nous ne pensons pas au reste qu'il y ait quelqu'esprit assez chagrin pour ne voir sur les points de la France qu'une tourbe indisciplinable d'intrigans. Ce vice, nous aimons à le dire , quand il s'applique à obtenir des fonctions dans le gouvernement , n'est heureusement connu que dans les grandes villes : et soit qu'on doive attribuer cette modération au peu de relations qui existent en général entre les propriétaires des campagnes et les agens secondaires de l'autorité , ou à des habitudes vertueuses que le séjour des champs inspire , toujours est-il consolant de penser que ce genre de corruption qui flétrit l'âme , avilit le cœur , et dispose l'homme à ne rougir d'aucune bassesse , est presqu'inconnu hors des grandes villes.

Nous avons dit que le *ministérialisme* , pris dans toute l'étendue que comporte le mot, n'existe point dans les campagnes , et qu'on ne le trouve , dans les provinces , que dans les bureaux des préfectures.

Si l'on vouloit en effet remarquer tout ce qu'il y a de métaphysique dans l'expression de *ministériel*, tout ce qu'il renferme d'idées composées , qu'on ne peut réduire à leur plus simple expression qu'à l'aide de l'alambic de M. de Cases , alors on conviendra que le ministérialisme n'est pas à la portée de tous les esprits, quoiqu'il soit à la portée de toutes les ambitions.

Mais si l'on croit avec nous que ce qu'il y a en ce moment dans le système du ministère, d'apparence de sagesse et de modération, ressemble parfaitement à la modération et à la sagesse d'un grand nombre d'hommes bien pensans, alors on dira qu'il y a en France beaucoup d'hommes sages, qui pensent au fond du cœur ce que le ministère n'a que sur les lèvres ; mais on ajoutera que l'opinion du ministère et celle des hommes modérés, diffèrent d'autant plus dans le fond, qu'elles se ressemblent quelquefois davantage par la forme.

L'opinion du *ministériel* est un masque derrière lequel il n'y a que le néant et le vide ; tandis que l'opinion du vrai citoyen, qui aime avant tout la France et le Roi, est une figure pleine de franchise, qui exprime tous les mouvemens vertueux du cœur.

C'est ce défaut de liaison entre la pensée et la langue du *ministériel*, qui rend son système tout à fait inintelligible et inexécutable pour l'homme qui ne s'est pas fait une longue habitude de la dissimulation politique.

A moins de soutenir qu'il n'y a en France que trois espèces d'hommes, savoir ; *les ultra-royalistes*, *les ministériels* et *les ultra-libéraux*, ou, en d'autres termes, que tout ce qui n'est ni *ultra-libéral*, ni *ultra-royaliste*, est nécessairement *ministériel* ; à moins, disons-nous, de soutenir une pareille absurdité, on doit convenir de l'extrême différence qu'il y a entre l'opinion ministérielle et l'opinion du grand nombre de ceux qui ne sont ni *ultra-libéraux* ni *ultra-royalistes*, et qui ne sont cependant pas *ministériels*.

Il y a sans doute quelques Français de bonne foi, qui s'imaginent être *ministériels* ; parce qu'ils ont, comme ceux-ci, pris en haine et en mépris les excès et les turpitudes des deux partis *ultrà*.

Ils peuvent se détromper, ils ne sont pas *ministériels.*

Pour être *ministériel*, il faut répéter souvent ce qu'on ne pense pas, et dissimuler soigneusement ce que l'on pense.

Pour être *ministériel*, il faut parler de telle ou telle manière, parce qu'autrement on pourroit déplaire à celui qui peut vous donner une place, ou vous ôter celle que vous avez.

Le *ministérialisme* n'est pas une idée générale ou absolue, ce n'est qu'une suite de relations, ou une chaîne dont tous les anneaux sont nécessairement subordonnés les uns aux autres depuis le plus petit jusqu'au plus grand. Ainsi, par exemple, on peut dire que le garde-champêtre est *ministériel*, relativement au secrétaire de la mairie ; celui-ci est *ministériel*, relativement au maire ; le maire, relativement au sous-préfet ; le sous-préfet, relativement au préfet, etc., etc., ce qui ne ressemble pas mal à la fameuse généalogie, *Abraham genuit Jacob ; Jacob autem, etc., etc.*

A présent, nous le demandons à tout homme de bonne foi, s'il est vrai que nous ne nous soyons point égarés dans nos observations sur le ministérialisme, peut-on compter beaucoup de *ministériels* en France, et surtout dans les provinces ? N'est-il pas incontestable que cette secte y est presqu'encore heureusement inconnue, et que les mystères, qui font la base de cette religion hypocrite, sont incompréhensibles pour la plupart des cœurs vraiment français !

Il ne faut pas, comme nous l'avons dit, se laisser prendre à des apparences trompeuses, à des ressemblances fugitives qui peuvent exister dans certains momens entre les opinions ministérelles, et les idées vraiment libérales et généreuses qui sont professées par une grande majorité de Français.

Le moment est venu où il faut se défendre de ces illusions politiques, et ne pas confondre ce moyen terme, cette ligne intermédiaire que le ministère affecte de suivre, avec cette force d'inertie, cette sagesse calme, qui ramènent les opinions du parti national vers ce point commun de repos, autour duquel s'agitent inutilement toutes les exagérations, toutes les clameurs des *ultra* de tous les partis.

L'opinion du *ministériel* est mobile comme la faveur qu'il ambitionne ; l'opinion du parti national est stable et immobile, parce qu'elle est le fruit d'une conviction acquise au prix d'une longue et douloureuse expérience ; tandis que dans le ministérialisme, elle n'est que le résultat d'une tactique adroite qu'on emploie le jour d'une bataille, et qu'on laissera le lendemain même, si le changement des lieux et la position de l'ennemi ordonnent d'employer d'autres ruses.

Le ministérialisme est semblable à ces feux artificiels, composés des élémens de la foudre, qui imitent assez bien les effets de la lumière aux yeux de ceux qui sont tournés à l'opposite de ces faux soleils, mais qui perdent tout leur éclat et ne paroissent plus que de pâles météores, lorsque les yeux se tournent directement vers leurs disques mouvans.

Il ne faut pas se méprendre sur la modération apparente des *ministériels* : ils diffèrent essentiellement des véritables constitutionnels,

1.º En ce que ceux-ci sont inviolablement attachés au Roi et à la Charte, sans autre intérêt que l'amour de leur pays et des constitutions apportées par le Roi à la nation, tandis que les *ministériels* n'ont pour le Roi et pour la Charte qu'un attachement de parade, et soumis à la condition qu'ils conserveront leurs places, ou qu'ils obtiendront celles qu'ils désirent.

2.º Une seconde différence essentielle entre les *ministériels* et les *vrais constitutionnels*, c'est que, par leur nature, les *ministériels* ne tiennent à aucune constitution ni à aucun gouvernement, et qu'ils seroient capables d'encenser les hommes qu'ils affectent de mépriser aujourd'hui, si ces mêmes hommes venoient à acquérir quelque puissance.

Les constitutionnels au contraire ne sont pas exposés à ce même changement, parce que ne sollicitant point de faveurs, ils envisagent les institutions plutôt que les hommes, et le bonheur de tous plutôt que leur bien être particulier.

Enfin, en examinant de près ces deux espèces d'hommes (les vrais *constitutionnels* et les *ministériels*), on apercevroit une multitude de différences qu'il seroit trop long d'énumérer ici, et on seroit tenté, après un pareil examen, de penser que ces deux espèces n'ont ensemble rien autre chose de commun que la même nature physique.

On verroit que d'un côté, il y a franchise, bonne foi, amour ; tandis que de l'autre, on ne trouve le plus souvent que dissimulation, astuce et perfidie. D'un côté, on pourroit rencontrer le germe de toutes les vertus qu'enfantent l'amour de la patrie, et une vénération sincère pour le prince qui la gouverne par des institutions si sages ; tandis que de l'autre, on ne rencontreroit que l'égoïsme et le germe de tous les vices qu'il entraîne avec lui.

Ces observations, MM., sont déjà beaucoup trop longues pour vous faire connoître quelle est notre manière de penser. Mais quoique notre modération

nous garantisse de tout engouement et de toute exaltation, nous ne serons pleinement convaincus de la
sagesse de nos opinions, que lorsque vous aurez bien
voulu nous témoigner dans votre réponse , que vous
approuvez nos observations, et que vous partagez nos
sentimens.

Vous confirmerez sans doute le calcul que nous
venons de faire, et que tout homme bien pensant devroit se faire aujourd'hui à lui-même , et duquel il
résulteroit qu'il y a en France très-peu de *ministériels* ,
très-peu *d'ultra-libéraux* , un petit nombre *d'ultra-
royalistes* , et que la majorité saine des Français, qui
ne mérite pas qu'on la confonde avec ces trois classes
d'hommes , dont elle méprise les exagérations et les
vaines fureurs, forme déjà seule le parti national et
constitutionnel , qui garantit au Roi l'exécution de la
Charte et l'amour de ses peuples.

Si chacun n'en croyoit pas à sa propre expérience,
et ne considéroit pas déjà comme une vérité démontrée
la foiblesse numérique des deux partis *ultra* , nous espérons en présenter la démonstration dans les lettres
suivantes.

LETTRE IV.

*Pourquoi les hommes constitutionnels manquent pour
compléter la représentation nationale.*

Nous croyons avoir démontré dans les lettres précédentes, que s'il étoit incontestable que le parti national
et constitutionnel étoit le plus nombreux en France,
il n'en étoit pas moins malheureusement certain que ce
parti (si l'on peut qualifier ainsi la majorité saine) étoit
le plus foiblement représenté à la chambre nationale :
car on n'y connoît encore presque que les *ultra* des deux
côtés, et les *ministériels* qui occupent le centre. Or la
majorité constitutionnelle qui couvre le sol français,
et qui cependant y est encore à peine aperçue, déplore
les exagérations des *ultra* et désapprouve les intrigues
ministérielles. Cette majorité n'appartient donc pas aux
trois partis que nous signalons; cette majorité n'est
donc pas réellement représentée; mais ce vice, qui
est dans la force des choses et que combat sans cesse
la sagesse des institutions , va disparoître de jour en
jour.

Nous avons dit qu'une des causes principales de cette
non représentation , venoit de ce que les hommes appelés par la renommée au maniement des affaires publiques, après avoir participé à tous les gouvernemens
corrompus qui ont précédé le règne de la Charte, ap-
portoient dans la discussion d'institutions libérales, la
rouille dont leurs idées s'étoient empreintes à travers
les révolutions et dans les génuflexions impériales.

Il y a donc au sein de la représentation nationale plus
de fanatisme politique que dans le sein de la nation. Cela

s'explique très-facilement lorsque l'expérience histo-
rique apprend, que la plupart des hommes appelés
aujourd'hui à remplir les nobles fonctions de députés,
appartiennent, soit par les souvenirs de leur gloire,
soit par les systèmes qu'ils ont autrefois soutenus, à
une ère qui, par la différence des institutions plutôt
que par la distance des temps, est très-loin de nous.
Ils sont esclaves de leurs regrets.

Ainsi, on peut dire en général que dans les siècles de
despotisme, on trouve moins de corruption politique
parmi la nation que parmi les hommes à qui les grands
emplois et les grandes richesses ont donné une sorte d'illustration : car la nation souffre sous les tyrans ; mais
les tyrans ne lui ont donné ni dotations ni majorats.

Lorsqu'un ciel plus pur éclaire la patrie, et que l'ère
odieuse de l'oppression est passée, ces mêmes hommes,
illustrés aux pieds des trônes des despotes, jettent
encore un éclat qu'ils doivent bien plus à leur renommée qu'à leurs vertus. La nation manque encore des
matériaux constitutionnels ; et dans cette pénurie, elle
se trouve comme forcée de choisir provisoirement des
hommes qui possèdent les talens nécessaires à leurs
fonctions de députés, mais qui en ignorent souvent
les devoirs ; qui connoissent le langage de la liberté
qu'ils ont appris dans les révolutions, mais qui savent
mieux l'abus que l'heureux emploi qu'on peut faire de
cette langue si poétique et si belle.

Mais bientôt, sur les débris des révolutions, une génération nouvelle s'élève. Contemporaine de la Charte,
elle en admire les institutions ; elle ne mêle à son admiration ni haine ni fanatisme ; elle n'apporte pas dans
la contemplation d'un si bel ouvrage, les préjugés
funestes restés dans l'esprit des hommes qui ont soutenu de mauvaises lois et de funestes gouvernemens,

et qui ne peuvent pas faire l'éloge des institutions nouvelles , sans faire en même temps eux-mêmes la cen-
sure amère de leur conduite passée , et sans révéler la
source de ces richesses qu'ils ont acquises au prix de
leur liberté.

C'est dans cette génération nouvelle que paroîtront
des hommes qui ne seront ni *révolutionnaires*, ni *ultra-
royalistes*, ni *ministériels* ; pour qui le passé ne sera
qu'une instruction , et non pas une erreur ; pour qui
l'avenir ne sera que l'espérance de faire le bien , et non
le but criminel d'une vile ambition. La représentation
nationale alors sera complète , parce que l'opinion des
mandataires sera toute l'opinion des commettans.

Alors la France sera pleinement représentée , et on
ne verra pas , par une contradiction choquante , le
parti le plus fort et le plus nombreux dans la nation ,
se montrer le plus foible dans la chambre des députés ,
de manière qu'on trouveroit facilement dans la foule
des députés un grand nombre d'hommes dont les discours présenteroient une éloquence armée contre les
intérêts nationaux , tandis qu'on y trouveroit à peine
quelques hommes , dont les révolutions ont fortifié le
caractère , bien loin de le corrompre ; semblables à
ces chênes robustes, attachés aux flancs des montagnes ,
et qui sans cesse en butte aux coups de la foudre et
des vents , enfoncent de plus en plus leurs racines dans
les fentes des rochers. Ces hommes sont aussi admi-
rables qu'ils sont rares : car au milieu de tous les efforts
réunis pour renverser la religion , la morale et les lois ,
ils ont opposé leur éloquence énergique à ces principes
destructeurs , qui menaçoient de tout envahir ; et
c'est pour ainsi dire entre leurs mains , que s'est conser-
vée la dernière étincelle de ce feu sacré des vertus
nationales qui doit luire encore à travers les siècles.

Lorsque

Lorsque l'ère de la régénération sera arrivée, presque tous les siéges du sénat national seront occupés par des hommes énergiques et constitutionnels; ils ne se reconnoîtront pas là pour s'être vus autrefois dans quelqu'assemblée séditieuse, ou dans quelqu'antichambre; en se voyant peut-être pour la première fois, ils seront étonnés seulement d'avoir nourri dans leur âme les mêmes sentimens de modération, d'avoir médité dans leurs retraites sur les mêmes intérêts, sans s'être jamais connus, sans s'être jamais communiqué leurs opinions. Alors seront repoussés vers les extrémités de la chambre, et à peine pourront-ils y trouver place, les courtisans et les flatteurs des ministres; peut-être verra-t-on figurer parmi ces derniers des hommes qui aujourd'hui veulent en imposer par un libéralisme outré, qui affectent le langage de la liberté, qui en souillent les plus belles expressions, semblables à ces charlatans empiriques faisant parade, dans les carrefours, de quelques mots de chimie, et estropiant les imprudens qui osent se confier à leurs folles promesses.

La vérité n'a pas cet air impétueux.

LETTRE IV (bis.)

20 Septembre 1819.

L'expérience démontre qu'il y a aujourd'hui en France très-peu d'ultra-libéraux et d'ultra-royalistes.

Messieurs, en suivant l'ordre de notre discussion, cette lettre auroit dû vous être envoyée avant la précédente : car en vous faisant connoître notre opinion sur la force du parti national, nous devions démontrer quelle étoit la foiblesse des trois partis qui se disputent vainement le sceptre de l'opinion ; s'ils continuent leurs combats à outrance les uns contre les autres, c'est par suite de l'aveuglement où ils sont plongés, qui leur fait assez naturellement croire qu'il n'y a dans la nation que deux espèces d'hommes, savoir : eux et leurs ennemis. Tel Don Quichotte, dans son extravagante bravoure, croyoit voir l'univers rempli de brigands et de ravisseurs qu'il se disoit appelé à combattre.

Nous avons démontré la foiblesse de la minorité ministérielle, et nous avons supposé, en faisant voir qu'il y a en France beaucoup plus d'hommes sages et modérés qu'on ne le pense communément, que les partis des *ultra*, soit libéraux, soit royalistes, ne comptoient qu'un petit nombre d'hommes comparativement à la masse; en sorte que ces trois partis réunis ne formoient, en présence du parti français et constitutionnel, qu'une très-petite minorité.

Mais quant aux partis *ultra*, nous avons d'abord supposé ce qui étoit en question, tant nous étions persuadés que chacun, en consultant l'expérience, trou-

veroit facilement autour de lui la preuve de la foiblesse de ces deux partis ; ne verroit-il pas que la ban-
nière de ces factions n'est plus suivie que par quelques
fanatiques incorrigibles, que le ridicule, arme digne
d'une nation généreuse, poursuit jusque dans les plus
chères de leurs frénétiques pensées ?

Ce seroit faire un outrage à la nation, à laquelle on
fait gloire d'appartenir, de supposer, avant d'en avoir
la preuve par un calcul numérique, que la partie la
plus éclairée de sa population, celle à qui sont confiés
les destins de la famille nombreuse qui est placée au-
dessous d'elle à raison de la fortune et des lumières ;
que cette partie, disons-nous, ne comptât plus parmi
ses membres que des hommes qui prêcheroient les révolutions. Destinés eux-mêmes à éclairer leurs concitoyens, marcheroient-ils stupidement à la suite de
quelques aveugles, d'autant plus méprisables, qu'igno-
rant leur propre cécité, ils ne parlent qu'au nom de
ces lumières qu'ils ne voient pas, et invoquent cette
liberté qu'ils foulent aux pieds.

Les chefs des *ultra* des deux couleurs opposées ont
embouché la trompette dans le moment des révolutions,
lorsque la voix seule des passions est écoutée, lorsqu'on appelle sagesse tout ce qui est exagération.
Alors une grande foule s'est assemblée autour de ces
fanatiques, ils ont fait distribuer des bandeaux faits
en forme de couronnes, chacun a pris le sien, l'a mis
sur sa tête, et s'est cru roi. On a distribué ensuite des
brodequins, auxquels étoient attachées des chaînes ;
mais comme on avoit les yeux bandés, et que chacun
avoit avalé un grain de folie, on ne s'est pas aperçu
de l'inconvénient de cette chaussure. Les chefs ont
dit : Marchons ; tout le monde est parti. Mais à chaque

pas , quelques-uns de la troupe s'apercevoient de la supercherie : ils laissoient là leurs brodequins , jetoient fièrement leur bandeau derrière eux , quittoient la troupe qui ne s'apercevoit pas de cette désertion , et se retiroient paisiblement chez eux. Les chefs qui ne regardoient pas en arrière , ne s'apercevoient pas qu'on abandonnoit leurs drapeaux. Ils continuoient à sonner fièrement de la trompette. Mais au bout d'un certain temps , il n'est plus resté de toute cette folle armée que les porte-étendards et les sonneurs de trompettes , qui vont encore en avant , ne voyant pas que eur armée est désertée , et qu'ils marchent seuls.

1 Telle est en peu de mots l'histoire des partis exagérés qui font encore quelque bruit parmi nous.

Que chaque Français s'interroge en ce moment ; que chacun descende au fond de son cœur ; qu'il médite sérieusement sur les erreurs politiques auxquelles il a pu être passagèrement entraîné , et après avoir suivi par la pensée les affreux résultats qu'ont insolemment étalé à la face de l'univers ceux qui ont persévéré dans les idées révolutionnaires , jugeant le passé avec effroi , mais sans prévention , se laissant entraîner par une douce confiance , mais sans fanatisme , vers de nouvelles espérances , et se jetant , pour ainsi dire , désarmé dans l'avenir , selon la belle expression d'un illustre écrivain député , que chacun se demande si , de bonne foi , il est prêt à suivre les routes tortueuses et sanglantes que les *ultra* des deux bords tâchent de lui tracer.

Se vouera-t-il avec les *ultra-libéraux* à aller chaque jour se vautrer dans les ordures du jacobinisme , encenser les ombres horribles des Robespierre et des Marat , et dans un style spirituel et malin , mais froid et désenchanté comme toutes les apologies du crime , chercher à séduire la France nouvelle, et rappeler par tous ses vœux le règne des cannibales.

Un bon Français ira-t-il avec ces mêmes hommes prêcher insolemment l'immoralité et le fanatisme de l'impiété, outrager ce qu'il y a de plus saint dans la mémoire des hommes, le souvenir des vertus des bons rois, tels que Henri IV et Louis XII, par la plus horrible de toutes les perfidies ? Ne les voit-on pas demander à grands cris l'exécution de cette Charte dont ils redoutent la sagesse, tandis qu'en secret ils la couvrent d'outrages, et qu'ils espèrent établir sur les débris de ses pages immortelles, un règne de licence et d'usurpation, abîme affreux qui engloutiroit ces insensés eux-mêmes, et les laisseroit surnager sur cette mer de sang, pour être offerts en exemple aux peuples qui survivroient à cette catastrophe.

Un bon Français ira-t-il avec cette vile tourbe de factieux, dévoilant tout ce qu'il y a d'impur dans leur cœur et de ténébreux dans leurs pensées, préconiser comme un devoir l'oubli de toute morale et de toute religion ; établir une lutte impie entre le jacobinisme, le missionnaire des enfers, et le christianisme, le missionnaire du ciel ? Ils s'efforcent d'avilir par l'arme du ridicule ce qu'il y a de plus sublime dans le zèle des hommes qui se vouent à toutes les privations, à tous les outrages, pour le salut de leurs semblables ; et cependant, par une contradiction qui s'attache à tous les vains systèmes, et qui couvre de honte cette sanglante philosophie, ces énergumènes envoient leurs enfans au catéchisme ; et leur choisissent des épouses vertueuses et chrétiennes. On leur passe, si l'on veut, à ces lâches calomniateurs, que la main de l'homme se montre quelquefois dans l'édifice de la religion ;

mais cette imperfection même dans ce qu'il a de plus matériel dans le culte, prouve que la religion est aussi l'ouvrage de l'homme, et qu'elle est dans son cœur une pensée libre ; le but sublime que la religion lui montre, sera atteint par ses efforts et ses vertus, et il n'y sera pas poussé par un aveugle instinct.

Un bon Français n'ira pas avec les artisans de ces lâches maximes, composer des feuilles incendiaires, où jamais ne respire le généreux sentiment de l'humanité, mais où hurlent, sous des masques perfides, la férocité et la vengeance ; là, le talent ne consiste plus qu'à cacher avec des phrases harmonieuses ce qu'il y a de plus criminel dans la pensée, à attirer, par la séduction, les victimes jusqu'au bord de l'abîme où l'on veut les immoler ; là, des hommes avides du pouvoir prêchent la liberté, vantent, le cœur dévoré de la soif des richesses, l'égalité des biens, s'élèvent contre la délation, et couvrent leurs tristes écrits de notes délatrices ; là enfin, on compare les erreurs de 1815 à l'atroce anarchie de 1793, afin de persuader aux peuples trompés, que les oscillations inévitables d'un règne de paix, qui s'élève sur les débris des révolutions, sont les préludes d'un despotisme sur lequel ces écrivains forcenés voudroient élever eux-mêmes un nouveau despotisme plus réel, dont ils tiendroient le sceptre de fer : car, dans la pensée de ces sectes impies, l'univers n'est qu'un amas fortuit de matière, le nom de Dieu n'est qu'un vain mot, qui, jeté à travers les mondes, ne trouveroit pas celui dont il exprime l'idée. Les peuples, émanation fortuite de ce chaos, sont comme les poissons des rivières et des fleuves, destinés à s'engloutir les uns les autres ; l'empire est au plus habile et au plus fort, qui fait servir le troupeau sur lequel il règne à tous ses vains caprices, parce qu'il a dit dans son cœur, *il n'y a point de Dieu*, et que l'aspect menaçant de l'éternité, qui trouble souvent son sommeil, n'est selon lui qu'une chimère, et le remords, un vain fantôme.

Mais si l'on pouvoit croire que ce qui est considéré par nous comme de tristes vérités, ne fût qu'une invention de notre esprit, nous prierions tous ceux auxquels un fanatisme quelconque n'a pas ôté l'usage de leur raison, de jeter les yeux autour d'eux, d'examiner les hommes dont nous avons esquissé quelques traits, non-seulement dans leurs anarchiques lamentations, mais encore dans leur conduite particulière ; et on verra si c'est parmi eux que se comptent les bons époux, les bons pères, les bons amis, les hommes de bien, et enfin les bons citoyens.

L'exagération des principes professés par les *ultra-libéraux* leur fait perdre chaque jour quelques-uns de leurs adhérens ; et ce parti que l'on croyoit si nombreux, parce qu'on y comprenoit tous les hommes qui professent des idées libérales, et tous ceux qui abusent de ces mêmes idées ; parce que l'on confondoit en un seul point cette ligne droite, où se trouvent rangés les royalistes constitutionnels et les libéraux de bonne foi, et devient tortueuse au point où cesse la bonne foi, où le fanatisme commence : c'est une ligne qui part du ciel, mais qui va se perdre avec le jacobinisme jusque dans les gouffres des enfers.

A l'autre extrémité, sous des formes moins hideuses peut-être, mais plus bizarres, et avec des désirs plus gigantesques, apparoissent les *ultra-royalistes*, secte ardente qu'on avoit plaint d'abord à cause des malheurs de ses vétérans, mais qui a fait changer en haine l'intérêt qu'on avoit pour elle, lorsqu'on a vu l'exaltation de cet orgueil insatiable qui la soutient et la console au milieu de ses désastres. Armée de ses fiers souvenirs, ne vivant plus que dans le passé, ne voulant pas croire aux progrès du temps, elle est semblable à ces femmes idolâtres de leurs propres charmes, et qui les cherchent encore dans le miroir obstiné à n'en montrer que les débris. L'orgueil de cette secte perce de toutes parts; elle veut ressaisir le sceptre du passé, comme ses adversaires veulent saisir le sceptre de l'avenir. Ils ont tous ensemble une haine commune pour le présent, et on les voit s'avancer imprudemment vers le précipice des révolutions.

Le parti des *ultra-royalistes* fut nombreux d'abord, parce qu'ils s'étoient mêlés au commencement de la carrière avec les royalistes constitutionnels de bonne foi; mais, comme les *ultra-libéraux* qui marchoient d'abord avec un grand nombre de buonapartistes ou d'hommes seulement indifférens pour la cause royale, les *ultra-royalistes* ont vu leurs rangs s'éclaircir chaque jour par une foule de désertions : on peut dire aussi qu'il n'est resté de toute cette armée que ceux qui sonnent de la trompette.

Il y a dans les destinées humaines, ainsi que dans les choses physiques, un centre de gravitation et de repos vers lequel tout aboutit, et sur lequel tout se fixe à la fin. Aussi a-t-on vu, et voit-on encore tous les jours, que par une insensible oscillation, tout ce qui a déserté le parti *ultra-libéral* se rapproche et s'unit à tout ce qui a déserté le parti *ultra-royaliste*. Ce sont des gens séduits par deux empiriques qui prêchoient des moyens de guérison contraires. Tout le monde a été trompé; on s'est reconnu ; on a maudit en commun les deux empiriques pour lesquels on avoit été sur le point de se battre ; on a vu enfin que si leurs drogues étoient composées avec des ingrédiens différens, ce n'étoient au fond que des poisons divers.

Le parti *ultra-royaliste* a donc perdu presque tous ses adhérens, parce que ses principes renferment les erreurs les plus manifestes. La moindre réflexion suffit pour les découvrir. Qui ne seroit en effet révolté de la perfidie qui règne dans la conduite de ces faux serviteurs de la royauté ! N'ont-ils pas l'air de demander dans leurs écrits l'exécution de la Charte, lorsque dans leurs discours ils disent qu'elle est inutile et inconvenante? N'est-il pas évident que s'ils trouvent tout mauvais dans les institutions actuelles, c'est que ces mêmes institutions opposent une barrière insurmontable à leur excessive ambition ? Ne montrent-ils pas tout ce qu'il y a d'impur dans les hommages qu'ils rendoient au retour du Roi, lorsque bientôt ils ont cessé de prononcer son nom sacré avec respect ; lorsque bientôt ils y ont mêlé l'outrage, au moment même où ils ont vu que ce sage monarque ne vouloit pas consentir à élever leur fol orgueil sur les débris des libertés nationales ? N'ont-ils pas dit enfin : *Qu'il cesse de régner, s'il ne veut pas régner avec nous ?*

Cet amour conditionnel des *ultra-royalistes*, qui étoit toujours, nous aimons le Roi *pourvu*, et non pas *quand même*, les a jetés dans des distinctions bizarres, qu'on n'auroit pas cru pouvoir être admises dans un sentiment aussi noble que l'amour envers le Roi. Des querelles sérieuses s'élevèrent entre les vrais amis du Roi et les *ultra-royalistes*, qui se refusèrent au cri de *vive le Roi*, et préférèrent le cri de *vivent les Princes*. Comme si toute la famille royale n'auroit pas dû être honorée dans la personne de son chef, comme elle étoit confondue avec elle dans le même amour.

Dès-lors tout véritable lien entre les royalistes et

les *ultra* fut détruit. Il fut impossible de s'entendre, parce que, partis du même point, les mêmes hommes avoient entr'eux les principes les plus opposés. Les véritables royalistes voulurent entourer le Roi de leur amour, exprimer leur admiration et leur reconnoissance pour les institutions qu'il avoit données à la nation française, tandis que la faction des *ultra* se montra dans une espèce d'insurrection continuelle contre tout ce qui émanoit de la munificence royale ; et au lieu de se faire comme le rempart de cette cause sainte, les *ultra* s'en déclarèrent les détracteurs formels. Et chose étonnante ! le royalisme, dans le style de leurs extravagances, ne signifie plus qu'une haine bien prononcée contre la personne du Roi. Les insensés ! ils se plaignent que Louis XVIII ne leur laisse pas tous les emplois, toutes les dignités, lorsqu'ils ont l'affreuse franchise de calomnier sans cesse la fille de ses plus chères pensées, la Charte royale ! Veulent-ils donc qu'on appelle pour éteindre l'incendie d'un palais, ceux qui se vantent de hâter le moment de sa destruction ! Veulent-ils que l'on constitue défenseurs de l'arche sainte ceux qui font des efforts inouis pour la renverser !

Ainsi la France a deux espèces d'ennemis de son repos : je veux dire les deux factions d'*ultra*. Sans cesse en guerre ouverte l'une contre l'autre, elles se disputent insolemment les rênes d'un nouvel empire qu'elles appellent de tous leurs vœux, et vers lequel elles tâchent de nous entraîner. Mais la France, placée entre ces deux ligues criminelles, ne redoute plus leurs efforts, parce qu'elle connoît les complots de ses ennemis, qu'ils ont dévoilés par leur extravagance et leur folie.

Un changement de gouvernement, et par conséquent l'anarchie, est le but avoué de ces deux factions.

Or, une fois ce fil découvert, toute la trame est dé-
truite. Tout l'enchantement qu'avoient pu produire
d'une part, ces vaines déclamations en faveur de la
liberté, un vain étalage de phrases monarchiques de
l'autre : tout est tombé, parce qu'au fond de ces pensées comme à travers un voile transparent, on aperçoit
le poignard des conspirateurs et le fer des assassins.

Entendez les déclamations de ceux qu'on appelle
monarchiques : « Nous ne crions pas *vive le Roi*,
» disent-ils, parce que le Roi ne sait pas régner ; il
» ne sait pas régner, parce qu'il ne veut pas suivre
» nos conseils. Il se laisse entourer par des jacobins
» qui le trompent. Qu'il suivît nos avis pendant vingt-
» quatre heures, et toute l'armée de Condé est mise
» dans les bureaux, et la Charte est mise au feu. Mais
» laissez faire : tout va bien. Plus les choses iront
» selon les révolutionnaires, plutôt la mesure sera
» comble ; plutôt il y aura un mouvement favorable à
» notre élévation. Qu'on nous lance à cent pieds dans
» les airs ; nous retombons sans danger, parce que le
» Ciel protége la bonne cause. D'ailleurs les alliés sont
» là : et pour la troisième fois, ils détruiront tout ce
» qui n'est pas *honnêtes gens* comme nous ; alors nous
» régnerons ; et en régnant nous serrerons si bien la
» chaîne, et nous baillonnerons si hermétiquement les
» bouches de nos sujets, que le plus grand silence
» régnera avec nous. D'où ceux *qui pensent bien* pour-
» ront conclure que le peuple est content. C'est ainsi
» que faisoit Buonaparte, qui savoit régner, et que
» nous admirons sincèrement. C'est pourquoi nous
» sommes *buonapartistes* par système et par caractère,
» et *royalistes*, non parce que nous aimons le Roi,
» mais parce que nous voudrions être rois. Nous nous
» contenterions de l'être aristocratiquement, sauf à

» nous assassiner les uns les autres par les arbalètes de
» nos vassaux ; ce qui se faisoit très-bien autrefois.
» Dans tous les cas nous ne régnerons, si l'on veut,
» qu'avec la coalition, si toutefois elle veut diviser la
» France : ce qui nous est bien indifférent ; nous ne
» serons même que les préfets ou les sous-préfets des
» Russes ou des Cosaques ; delà nous serons forcés
» peut-être d'employer, dans l'administration civile,
» les moyens coercitifs dont usent ces peuples dans
» l'administration militaire, nous voulons parler de
» la *schlag*. Car on sait que les vaincus, comme dit
» Tacite, sont toujours obligés de prendre les ma-
» nières des vainqueurs. »

Ici, le but révolutionnaire est incontestablement
avoué. Et s'il constitue ceux qui appartiennent à cette
faction dans un état hostile contre leurs concitoyens,
il ne répugne pas moins à tout ce qu'il y a de délicat
et de généreux dans l'orgueil national. Quel est le
Français qui peut désormais consentir à devenir ou à
rester *ultra-royaliste*, sans frémir à la vue de l'abîme
qu'il creuse lui-même sous ses pieds, et vers lequel il
veut entraîner ses concitoyens !

D'un autre côté, un aspect plus hideux se présente
chez les *ultra-libéraux*. Des figures sur lesquelles se
peint quelque chose de plus infernal et de plus perfide, une fureur plus froide et plus loin de la pitié ;
un œil de sang où se pavane une fierté barbare ; des
manières triviales, des discours où les mots de prêtre
et de noble reviennent à chaque phrase, comme pour
vous rappeler le style et l'époque de 93 ; et pour vous
épouvanter, en vous faisant sentir que cette année
sanguinaire pourroit renaître en 1819 ou en 1820 :
comme si, capable de se renouveler sans cesse, elle
ne pouvoit être engloutie dans le passé, et qu'elle eût

ainsi droit à une horrible immortalité. Enfin des discours où s'étale la morale la plus dissolue, et où se
mêle quelquefois ce qu'il y a de plus idéal et de plus
sublime dans la liberté; comme ces fleurs qu'on rencontre sur le bord des abîmes, et qu'on ne va cueillir
qu'avec épouvante. Le mot de Dieu n'est jamais prononcé par ces sectaires : ils professent l'athéisme.
D'ailleurs, Dieu est une puissance, et ils n'en veulent
reconnoître aucune.

Ici, tout est perfide dans les discours et dans les
actions. Comme on a pris pour mot d'ordre le nom des
idées libérales, on ne peut pas tout à fait dire dans les
écrits que la Charte, la plus libérale de toutes les pensées politiques de ce siècle, est l'œuvre d'un despote,
mais on soutient qu'elle ne sauroit être exécutée :
comme si celui qui a posé les fondemens de l'édifice,
n'avoit pas manifesté assez énergiquement l'intention
et le désir de le continuer jusqu'au faîte. On hait par
sentiment et par système la race auguste des Bourbons;
et comme cependant le bienfait de la Charte est incontestable, et que d'ailleurs on ne peut se résoudre à
la reconnoissance envers un bienfaiteur que l'on dé-
teste, on veut faire considérer cette auguste garantie
donnée au peuple français, comme l'ouvrage d'une
impérieuse nécessité. En sorte que dans ce système
d'ingratitude, celui qui d'un trait de plume, plus sublime et plus généreux que tout ce que l'histoire ra-
conte des Titus et des Marc-Aurèle, fonde sur une
base solide le bonheur de tout un peuple, ne seroit
plus un Lycurgue ou un Solon, et ne représenteroit
plus, parmi ces matérialistes ténébreux, que la pierre
qui, détachée par hasard de la montagne, tombe sur
le levier et le fait mouvoir. Ainsi, la main de celui qui
vient au secours de l'infortune ne sera plus à l'abri des

outrages de celui qui a reçu le bienfait, parce qu'il pourra dire à son bienfaiteur : Ce n'est pas toi qui m'as secouru ; c'est l'aveugle nécessité, seule divinité que j'encense dans le désert de mon cœur et dans le néant de ma pensée. Horrible doctrine, qui efface toute vertu de la terre, et absout tous les crimes qui la souillent !

Les *ultra-libéraux* flattent sans cesse toutes les passions populaires, afin de retremper dans les poisons révolutionnaires les haines des partis. Comme on sait que l'illusion la plus facile à faire entrer dans le cœur de l'homme, est celle qui l'invite à secouer le joug de toute loi morale ou politique, et que le frein de la Religion est le seul que Dieu ait donné à un être libre pour le guider dans la route qu'il doit tenir, on s'efforce sans cesse à briser cette barrière morale. La Religion est calomniée sans cesse dans la personne de ses ministres. On arrache presque de force les Chrétiens de leurs temples ; les vertus les plus généreuses du christianisme (les plus libérales de toutes les vertus), sont tournées en dérision. On voudroit reléguer dans le fond des déserts cette croix sainte, qui rappelle le souvenir de tout ce qu'il y a jamais eu de plus sublime sur la terre. Et pour montrer que le système *ultra-libéral* a été vomi par les gouffres de l'enfer, il semble annoncer, par les efforts impies qu'il fait pour chasser Dieu de la pensée des hommes, que Dieu et lui ne peuvent régner ensemble sur la terre.

Et quel est le but de cette horrible entreprise ! C'est de chasser la Religion de la terre, parce qu'on sait fort bien que les peuples sans religion (si toutefois il pouvoit en exister) seroient bientôt démoralisés ; et que dans cet état de foiblesse et d'inertie où l'âme a rejeté le flambeau de la vérité, les hommes sont mieux disposés à recevoir les chaînes de l'esclavage. Car, il ne faut pas s'y tromper, tous les *ultra-libéraux* sont des despotes. Le Dante a chassé l'espérance des enfers; eux ont rayé le pardon de leur code.

Mais où pensent ces insensés conduire le peuple français avec leurs vaines déclamations? Ils veulent régner. C'est là leur grand but, leur insatiable passion; et le mot de liberté, qu'ils prononcent toujours faux, parce qu'ils ne lui donnent pas son véritable sens, signifie dans leur langue : « Liberté pour nous de » régner, nécessité pour les autres de nous obéir. » Ils veulent renverser tous les trônes. Et quand tous les trônes seront détruits, que tous les peuples se seront égorgés pour ces misérables, ils règneront; mais seuls. Alors la phrase qu'ils invoquent contre les despotes, ils se l'appliqueront à eux-mêmes : *Ubi solitudinem faciunt pacem appellant.*

Ils nous épouvantent de leur folle idée de république. Mais ils savent mieux que nous, que l'horrible expérience a démontré aux plus simples la folie d'un pareil vœu. Ils savent mieux que nous, que toutes les vertus leur manquent pour être des Romains ou des Spartiates, et qu'on trouveroit parmi eux beaucoup de Spartacus et pas un Brutus. Ils tendent à l'aristocratie, on le sait bien. Mais quand ils se verroient tous régner ensemble, ils diroient ce n'est plus régner que de régner tous. Et s'ils n'étoient pas assez lâches pour devenir les Séides du plus usurpateur d'entr'eux, ils se dévoreroient jusqu'au dernier, qui resteroit là pour régner sur les cadavres sanglans de ses *colibéraux :* celui-là seroit le Roi du monde, et la grande pensée du siècle seroit accomplie.

Français! voilà le but de ces hommes qui veulent vous persuader que vous ne pouvez être libres qu'avec eux;

qui disent que le règne de la Charte est intolérable ; qui étouffent au milieu de cet air libre que nous respirons, depuis que le règne des despotes est passé. Ils sont semblables à ces habitans des ondes, qui ne peuvent supporter la lumière du soleil et l'air pur de notre région, et ne sauroient jouir de la plénitude de la vie qu'au fond des ténébreux abîmes de l'Océan. Mais les abîmes les rejettent sur le rivage. Vous voyez à découvert leurs systèmes hideux, et les contradictions qui règnent entre leurs discours privés et leurs écrits publics, vous ont révélé leurs plus secrètes pensées.

Ils veulent régner ! Mais comme la Charte repousse l'empire des factions, le règne de la Charte les désole, parce qu'ils ne pourront jamais régner avec elle. Ils veulent la liberté ! Mais la Charte ne l'assure-t-elle pas ; et plusieurs de leurs écrivains, dont nous pourrions citer les pages, n'en ont-ils pas fait le plus magnifique éloge ? N'est-il pas reconnu par tous les publicistes, par l'Europe éclairée, que parmi une douzaine de constitutions qui se sont succédé pendant et depuis les orages révolutionnaires, la Charte française est incontestablement la plus libérale : qu'elle assure à jamais la liberté, tandis que les autres ne faisoient que dérober, par une légère couche d'or, tout ce qu'il y a d'hideux dans les fers de l'esclavage.

A présent, nous le demandons : y a-t-il beaucoup de Français, nous entendons parler de ceux qui représentent réellement la voix de l'opinion publique ; y a-t-il, en un mot, beaucoup d'électeurs qui veuillent se mettre à la merci des partis extravagans que la patrie signale de toutes parts ?

On l'a dit il y a peu d'années (et l'expérience est venue confirmer la justesse de cette pensée): « il y a » deux espèces d'hommes qui ne peuvent être indé-
» pendans :

» pendans : ce sont ceux qui ont perdu leur fortune
» pendant les orages révolutionnaires, et ceux qui
» veulent à toute force s'en faire une. Les premiers
» sont dépendans du passé par leurs souvenirs; les
» seconds sont dépendans de l'avenir par leurs espé-
» rances. » Or, si ceux qui nous lisent n'étoient pas
persuadés des vérités que nous avons tâché d'exprimer, qu'ils fassent, avec impartialité, l'application
du théorême politique que nous avons cité. Et si,
après avoir fait de sang froid les observations nécessaires pour arriver à la démonstration, on trouve
qu'il n'est pas vrai que le petit nombre de ceux qui
tiennent encore aux deux factions *ultra*, sont pour la
plupart des hommes connus par une ambition excessive, et par les saillies de l'orgueil le plus outré, nous
sommes prêts à passer condamnation et à désavouer
notre opinion.

En résumé : et comme résultat de l'expérience que
chacun peut faire, plutôt que des raisonnemens que
nous avons déduits, nous croyons qu'il sera démontré
que le nombre de ceux qui tiennent aux deux factions
ultra, ne compose qu'une très-petite minorité; que
les désertions sont nombreuses chaque jour, parce que
le but des exagérés de toutes les couleurs étant connu,
le ridicule et le raisonnement les poursuivent et les
forcent jusque dans les clubs et les *casino* où ils veulent se retrancher.

Il reste démontré que le nombre des révolutionnaires est petit, que la majorité saine est grande ; et
que les *ministériels* ne forment dans la nation qu'une
nuance presque inaperçue. Mais il est à désirer que la
masse nationale réunisse en un faisceau tous ses élémens
dispersés, afin de comprimer de tout son poids les minorités factieuses. Car il est incontestable que les deux

minorités révolutionnaires, qui sont ennemies de la majorité saine, auront, jusqu'à ce qu'elles expirent de foiblesse et d'impuissance, deux grands léviers qu'elles pourront faire mouvoir. L'une a dans ses arsenaux le déchaînement des fureurs populaires ; la seconde, la puissance des armes étrangères : et toutes deux comptent, au pis aller, sur les horreurs de la guerre civile. *Et crimine ab uno disce omnes.*

LETTRE V.

30 Septembre 1819.

Sommes-nous dans le bon parti.

IL n'y a qu'un seul cas où un peuple puisse user avec
justice du droit que la nature lui laisse de changer la
forme de son gouvernement ; c'est lorsque ce gouvernement, par tous les excès de l'arbitraire et du despotisme, est devenu tout à fait intolérable : et cependant
les chances des révolutions sont si épouvantables, qu'à
peine oseroit-on prononcer que du sein de la plus vive
oppression une nation dût, pour chercher les garanties
de son bonheur à venir, s'élancer à travers les tempêtes
révolutionnaires ; car, dans cette alternative horrible
que choisit un peuple dans son désespoir, une généra-
ration entière est sacrifiée à la génération future, qui
viendra recueillir, en versant des larmes, les fruits
amers jetés épars sur une terre déchirée par les
volcans.

Mais lorsqu'après avoir traversé les horreurs d'une
révolution sanglante ; après avoir été le jouet du despotisme, d'autant plus facile à s'établir, que semblable
à un malade aux prises avec la douleur, la nation,
à peine convalescente, s'abandonne avec une fatale
sécurité aux soins de celui qui lui promet un espoir
de repos (fût-ce le repos funèbre du despotisme,
moins affreux que les fureurs populaires) ; lorsqu'elle
est sortie victorieuse des gouffres de l'anarchie,
qu'elle a brisé les chaînes du despotisme ; lorsqu'elle a conquis au prix de son sang, et même d'une

4.

partie de sa gloire, toute cette liberté pour laquelle elle a tant combattu ; lorsque, par un bonheur inespéré, déjà prête à être jetée dans les cachots de l'esclavage, son roi légitime apparoît comme un ange descendu du ciel : il la réconcilie avec l'Europe armée, et n'écoutant plus que la voix d'une clémence sublime (car il avoit un frère à venger), c'est lui-même qui lui apporte la liberté : lorsqu'elle commence à goûter les fruits de cette paix qu'elle cherchoit en vain sur le bord des abîmes, ne seroit-elle pas taxée de folie, si écoutant encore la voix perfide des hommes ambitieux que rien ne peut corriger, elle se jetoit en aveugle à travers de nouvelles tempêtes ?

Conserver le bien qu'on a acquis par ses labeurs, c'est le conseil de la sagesse et de la raison ; détruire tout ce qui fait ombrage à un orgueil désordonné ; renverser, dût-on s'avancer ainsi de destructions en destructions jusqu'aux confins de l'univers, jusqu'à ce qu'on ait conquis un petit trône sur lequel on puisse régner seul, voilà ce que prêchent tous les *ultrà*, c'est-à-dire tous les révolutionnaires.

Or, entre ces deux partis, entre ces deux espèces d'hommes, ceux qui veulent conserver et ceux qui veulent détruire, il est facile de juger de quel côté doit se trouver la sagesse et la raison, et dans quels rangs hideux vont prendre place la démence et le crime. Sans doute les partis exagérés ont encore à nous opposer des sophismes usés. Ils s'en servoient comme de traits dont ils retrempoient sans cesse la pointe dans le sang des révolutions. Mais leur navire fait eau de toutes parts ; battu long-temps par les tempêtes, il balance encore à la surface des mers sa poupe brisée, prête à disparoître dans le fond des abîmes. Ils colorent encore leurs affreux projets du prétexte de demander l'exécution entière des institutions actuelles ; mais leurs paroles ne peuvent plus séduire, et lorsqu'ils réclament l'exécution de la charte, on voit trop qu'ils parlent en haine de la charte. Par cette espèce de bouleversement qui se mêle à toutes leurs pensées, ils demandent l'accomplissement d'une loi qu'ils haïssent. Or, on veut renverser ce qu'on hait, et l'on ne fait pas ses efforts pour le faire vivre.

Vous voulez la responsabilité des ministres et les lois sur le jury, etc.; mais on ne peut pas tout discuter à la fois, et vous êtes de mauvaise foi, en disant que la charte n'est pas exécutée, parce qu'on ne fait pas en vingt-quatre heures un ouvrage de plusieurs années. D'ailleurs vous entravez à chaque instant, par mille incidens révolutionnaires, notre marche patriotique, et il faut bien attendre que vous ayiez fait silence, pour reprendre sans tumulte notre discussion.

D'ailleurs, nous n'avons pas besoin pour fortifier nos institutions, de votre extrême droite et extrême gauche, qui cherchent l'une et l'autre à embrouiller nos affaires. Nous n'avons besoin que d'un parti de l'opposition, et nous le trouverons dans les rangs de la patrie, et non dans les vôtres. Il est vrai que, par haine pour le Roi, par haine les uns pour les autres, vous remplissez quelquefois le rôle de l'opposition. Mais nous voulons des hommes dont les discours soient l'image de leurs intentions. Or, chez vous, c'est tout le contraire ; car vous criez contre les ministres pour renverser la charte et le Roi, tandis que nous voulons des hommes qui crient contre les ministres pour conserver le Roi et la charte. Heureusement pour la nation, vous allez au rebours de votre but, précisément parce que vous nous le faites trop connoître. *In omnibus respice finem.*

Les partis révolutionnaires trahissent la perversité de leurs desseins par leurs œuvres ; il faut aussi que le parti sage et national annonce à tous la vérité de ses opinions par la sagesse de ses doctrines et la modération de sa conduite. Or, quant à la sagesse des doctrines du parti national, nous pensons qu'elle est suffisamment démontrée par l'attitude hostile qu'elles ont besoin d'observer sans cesse envers les doctrines révolutionnaires.

D'ailleurs la doctrine qui combat tous les excès, ne peut pas être elle-même un excès.

La doctrine qui tend par ses efforts à conserver ce qui est reconnu *bien*, et qui lutte contre les doctrines qui veulent détruire ce même bien pour y substituer des chimères, ou plutôt l'anarchie, est sans doute la meilleure.

Certes, on ne niera pas la vérité de ces principes ; et si on ne peut se refuser raisonnablement à les appliquer à l'opinion que nous avons développée, on ne pourra nier alors que cette opinion ne trouve dans sa propre modération, et dans les axiomes sur lesquels elle s'appuie, une base inébranlable.

Mais s'il falloit en venir à mettre dans la même balance les opinions et la conduite, et que par un calcul aussi juste que vulgaire, on dût juger de la bonté de celles-ci par la régularité de celle-là, la différence seroit encore toute en faveur de ceux qui préfèrent les doctrines de la modération.

L'attention se porte d'abord sur les chefs de secte. Quand on connoît la conduite de ceux-ci, on peut, par une conséquence qui ne trompe presque jamais, apprécier celle de leurs prosélites les plus obscurs.

Or, parmi les chefs des partis *ultrà*, combien peu en est-il qui n'aient à se reprocher de grandes erreurs politiques à des époques définitivement jugées? leurs nombreuses tergiversations n'ont-elles pas assez prouvé que la partie la plus brillante de leurs talens consistoit dans une souplesse inconcevable; en sorte que ce qu'il y avoit de plus fixe dans leur esprit, c'étoit la constance à changer. Ils ont vérifié ce que disoit le Tasse :

Costanza è spesso il variar pensiero.

On les a vus tour à tour depuis trente ans, s'illustrant par des excès opposés, suivre avec ardeur les bannières sanglantes des partis ; on les a vus chanter la tyrannie populaire, et plus tard, le front courbé dans la poussière, veiller jour et nuit dans l'antichambre d'un despote. Et depuis qu'il n'y a plus de despote, que d'agitation et d'intrigue dans leur conduite ; que de mensonges dans leurs écrits ; que d'impudeur dans leurs discours ! Les uns sacrifient à la liberté sur un autel de sang ; les autres invoquent chaque jour, par des cris qui retentissent à travers les siècles passés, le génie de la féodalité.

Quant aux talens des chefs de sectes, la justice nous oblige de convenir de la supériorité marquée qui distingue les écrivains *ultra-royalistes*. Ils ont en génie tout ce que leurs adversaires ont en esprit ; et de plus, le fond des idées sur lesquelles ils travaillent leur donne un grand avantage. Ils ont à leur disposition le plus tragique de tous les événemens, celui dont le récit intéresse si vivement tout ce qu'il y a de sensibilité dans les âmes humaines. Et certes, quelque grandes que soient les images que le talent prête à cette sanglante épopée, le tableau restera toujours au-dessous de la vérité.

Ossian n'est sublime que sur les tombeaux ; Raphaël

et Michel-Ange ne sont jamais plus grands que dans la peinture de la douleur ; et les écrivains dont nous parlons ont , aux ordres de leur génie , tous les maux que la révolution a causés , et toutes les larmes qu'elle a fait répandre.

Mais quand ils veulent transporter dans les discussions politiques ces images poétiques qui avoient embelli d'autres tableaux, ·alors les pinceaux se brisent dans leurs mains , et le désordre de leurs pensées dévoile leur ambition et trahit leur génie.

D'ailleurs, en de pareilles matières , les écrivains des deux partis , obligés de dissimuler le mobile secret qui les guide (le mot d'ordre de leur faction) , se trouvent sans cesse aux prises avec leur propre pensée, et louvoient pour ainsi dire avec leur conscience. Eussent-ils la palette du Corrége et du Titien, ils ne feront jamais, au lieu de tableaux , que des transparens qui manquent de vérité , et dont les figures mobiles suivent les oscillations de la lumière qui leur donne la vie. *Pectus est quod facit disertum.*

Je passe à un troisième type auquel on pourra reconnoître l'opinion saine, à travers toutes les exagérations qui se disputent nos suffrages. Il se tire de ce caractère de modération qui distingue dans tous les pays , chez tous les peuples, depuis les plus sauvages jusqu'aux plus civilisés, l'erreur de la vérité, le mensonge de la candeur , la bonne foi de la perfidie , la religion du fanatisme.

Et certes, si on ne peut disconvenir de la justesse du principe que nous invoquons, on ne pourra nier la conséquence ; parce que les faits qui se placent entre la conséquence et le principe sont eux-mêmes incontestables.

Il n'y a personne aujourd'hui, si prévenu en faveur de son opinion, ou si opiniâtrément armé contre celle des autres, qui ne convienne que les trompettes qui entonnent l'éloge d'une faction, ou qui prodiguent la satire et le sarcasme à la faction opposée, ne soient le plus souvent outrées dans la satire comme dans l'éloge.

Quand, il y a deux ans, l'opinion publique marchoit avec les journaux, tout paroissoit naturel. Chacun, plein de prévention, trouvoit dans sa lecture l'écho de sa pensée. Dans une île où tout le monde naîtroit aveugle ou borgne, personne ne s'apercevroit qu'on est borgne ou aveugle. Mais aujourd'hui tout est changé ; les journaux sont en-deçà de l'opinion, parce que l'esprit national et constitutionnel, qui n'a point de feuille à sa solde, s'avance vers la raison, et laisse le fanatisme en arrière : l'esprit national observe les journalistes avec attention, et ceux-ci, au lieu de fournir des armes aux citoyens les uns contre les autres, voient les citoyens s'amuser de leurs querelles, comme des hommes d'un âge mur s'intéresseroient aux petites bouderies et aux batailles non sanglantes de leurs enfans.

Jamais on ne fera croire à personne que deux individus qui se disputent et se couvrent d'injures sur une place publique, au conspect de leurs concitoyens ; que deux journalistes qui se déchirent à la face d'un peuple entier, puissent conserver au milieu de leur fureur cette retenue et cette modération dans leurs paroles, qui pourroient donner quelque croyance à leurs discours.

Plus long-temps les querelles durent et plus elles s'enveniment. Plus les querelles sont ardentes et plus les combattans doivent s'accabler d'injures et de mauvaises raisons, et moins il doit y avoir de vérité dans leurs discours. C'est ce qui doit arriver à l'égard des échos prétendus de l'opinion ; ils doivent, par la loi de la progression, contenir, au moment où nous sommes, plus d'outrages et de mauvaises raisons que par le passé. C'est le seul progrès qu'ils aient fait, et le seul côté par lequel ils ont profité de la liberté de la presse.

Cependant la nation leur doit de grands avantages, parce qu'ils opèrent précisément au rebours de leur intention. Ils ont, comme on dit, *montré la corde.* Les yeux des peuples se sont dessillés, lorsqu'ils ont vu que ceux qui devroient être les premiers dépositaires des pensées d'une nation n'écrivoient plus sous leur dictée. Quelque grande que soit la confiance de ceux qu'on emploie, on ne tarde pas à dédaigner leurs services quand on s'aperçoit qu'ils nous trompent.

Il eût été très-fâcheux pour l'opinion publique, que quelques journaux, se disant l'écho d'un parti, eussent affecté cette modération qui n'appartient qu'au langage de la vérité, parce qu'alors, séduite par une si noble apparence, la nation auroit bien pu prendre un météore phosphorique pour la lumière du soleil.

Il faut donc espérer que le feu des discordes s'éteindra d'autant plus vîte, que l'esprit de faction emploie plus de moyens pour en ranimer le foyer. Les peuples qui ne sont pas payés pour écrire les journaux, se lassent plus vîte des querelles des journalistes que les journalistes qui sont payés à tant la page, et on pourroit presque dire à tant l'*injure.*

Pour nous, qui n'avons jamais engagé de querelle avec aucun journal, et qui devons par cela même compter davantage sur notre impartialité, nous serions au désespoir que notre opinion ne parût pas étrange à la plupart des journaux ; et nous déclarons qu'il n'y aura que leur critique ou leur silence qui pourra nous confirmer dans le sentiment de sincérité que nous inspire la modération de notre pensée politique.

Après avoir parlé des signes principaux auxquels les hommes qui ont le bonheur de professer des opinions modérées pouvoient se reconnoître, il importe de répondre à un reproche banal que les *ultra* libéraux et royalistes se permettent sans cesse contre ceux en qui ils ne reconnoissent pas ce fanatisme qui les distingue.

Ils appellent gens foibles les hommes qui ont assez de force pour résister à partager leur fol aveuglement. Et selon eux, on n'est bon à rien si on n'est pas prêt à se livrer à toutes les fureurs, plutôt que de laisser crouler la faction, à laquelle ils consacrent tout ce qu'ils ont de talent, de ruse et de folie.

Ils reprochent encore aux hommes modérés de *nager*, comme on dit, *entre deux eaux.*

Pour user d'une comparaison aussi triviale que celle dont ils se servent, ne peut-on pas leur répondre qu'il faut mille fois plus de force et de courage à un homme nageant au milieu d'un fleuve rapide, pour se tenir fixe entre deux courans contraires qui l'attirent avec violence vers deux côtés opposés, qu'il n'en faudroit pour s'abandonner à l'un ou à l'autre de ces courans.

En d'autres termes, il est cent fois plus aisé de se laisser aller à la fougue de ses passions et de son caractère, que d'écouter la voix de la raison et de la sagesse.

Sans doute il ne faut ni force ni génie pour répéter les phrases que les journaux des coteries prodiguent tous les jours à leurs abonnés. Lancés dans la carrière, les soldats qui suivent ces bannières fanatiques se dirigent à travers les ténèbres qui les environnent au bruit du tambour qu'ils entendent dans le lointain. Et on peut en appeler quelques-uns de bons soldats, s'il est vrai que le courage d'un homme de guerre consiste à se battre avec intrépidité pour la cause qu'il sert, sans en examiner le mérite, et surtout sans examiner si les armes dont il fait usage sont bonnes ou mauvaises.

Les *ultra-royalistes* n'ont en leurs mains que des armes rouillées par les années, et dont le temps a émoussé la pointe. Les *ultra-libéraux* ont des armes d'une trempe moderne, mais tellement fines et déliées, qu'elles sont pour ainsi dire transparentes, et qu'elles rompent au moindre choc.

Les *ultra* des provinces ont leurs maîtres dans la capitale, qui leur envoient chaque jour leur leçon, moyennant la modique somme de 50 ou 60 fr. par an; ce qui fait à peine un peu plus de 13 centimes par jour. Certes, ils n'ont pas lieu de se plaindre, on ne peut acheter de l'esprit à meilleur marché !

A présent nous voudrions bien que les hommes forts du siècle pussent nous dire où sont les journaux des hommes qui ne suivent d'autre parti que celui de la modération, qui ne soutiennent pas les doctrines, mais qui cherchent autant qu'il y a en eux de courage, la raison à travers les ténèbres dont les fausses doctrines voudroient la couvrir. Nous voudrions bien qu'on nous montrât les lieux de leurs clubs et de leurs réunions ! Ils n'ont ni des uns ni des autres. Ils n'ont pas de journaux, parce qu'ils forment leur opinion sur l'expérience des choses qu'ils ont vues et qu'ils voient.

Ils n'ont pas de clubs, parce qu'ils ne conspirent pas. Ils ne conspirent que pour le bien de la patrie et le retour des exagérés à des sentimens de modération.

Or, de semblables conspirations se trament à la lumière du soleil, et sous les regards de la patrie.

Sans doute il y a plus de force pour se mettre au-dessus de tous les partis, que pour suivre aveuglément l'un ou l'autre parti, ou pâlir chaque jour à l'aspect d'une *Minerve* ou d'un *Conservateur!*

Ce que nous lisions hier dans un journal de parti, et ce que nous y lisons souvent, nous amène encore à une réflexion avant de terminer cette lettre. On y disoit, en parlant de certain personnage : « Il n'est ni » *libéral*, ni *royaliste*, ni *ministériel* ; qu'est-il donc ? ». Or, pour apercevoir la grande finesse de cette triple proposition, il faut bien savoir que dans le sens po- litique, *libéral* ou *royaliste* signifie presque toujours *ultra-libéral* ou *ultra-royaliste*.

Qu'est-il donc ? C'est donc à dire que lorsqu'on n'appartient pas à l'un des trois partis, on ne peut plus rien être. Au-delà c'est le néant !

Qu'est-il donc ? c'est comme si l'on disoit : un homme n'est ni charlatan ni joueur de gobelets. Qu'est-il donc ? C'est comme encore si l'on disoit : cet homme n'est ni ministre, ni préfet, ni sous-préfet ; qu'est-il donc ? Dans le sens de M. le journaliste, on pourroit ré- pondre, « il n'est rien : » ce qui signifieroit seulement qu'il n'est ni préfet ni ministre, etc., mais qu'il pourroit être simplement honnête homme et propriétaire, ai- mant son pays et son Roi. D'où l'on voit que ce *rien* signi- fieroit bien encore au fond *quelque chose :* et qu'enfin, si un homme aspire à être quelque chose en politique ou en bonne philosophie, il faut qu'il s'abonne avant tout à n'être *rien.*

Cette manière des journalistes du jour, de n'envi- sager les choses que par une de leurs cent mille faces, rappelle assez l'histoire rapportée par Helvétius : une dame galante et un abbé considéroient la lune. Ils y aperçoivent une ombre. On se demande ce que cela peut être. La dame soutient que c'est l'ombre de deux amans qui s'embrassent. L'abbé veut au contraire que ce soit le clocher d'une cathédrale. Si le journaliste eût été là, il auroit dit : je parie que c'est un *libéral* et un *ultra* qui se disputent sur la loi des élections.

LETTRE VI.

9 Octobre 1819.

Sur ce qui s'est passé aux dernières élections de l'Isère.

A entendre les discours des électeurs à leur retour des élections, on voit assez qu'ils ne sont pas contens de leur ouvrage. Si la matière électorale étoit abondante, selon eux la matière représentative étoit rare. Et tous les efforts pouvoient tendre, non pas à donner la meilleure députation, mais à offrir la moins mauvaise.

Ceci rentre dans les principes que nous avons développés dans une des lettres précédentes, lorsque nous avons dit que les hommes actuels, sur lesquels une espèce de nécessité faisoit tomber les choix, n'étoient pas à la hauteur de l'opinion générale. Nous voulons dire qu'en général ils sont trop vieux pour épouser notre jeunesse constitutionnelle.

En effet, on ne présente aux électeurs que trois espèces d'hommes : les premiers ont figuré sous la monarchie absolue, les seconds ont imprimé leur nom à des époques anarchiques, les troisièmes ont le tort d'avoir servi sous le despotisme impérial. Or, à moins qu'il ne soit historiquement démontré que ces mêmes hommes ont passé purs à travers ces trois espèces de filières, on sent qu'il est de conséquence qu'ils ne puissent être franchement utiles au régime constitutionnel, qui n'a aucune analogie avec ces trois époques, qu'en faisant le sacrifice des opinions les plus saillantes de leur biographie. Or, ce sacrifice est encore à faire, et l'amour propre, ou la force d'une vieille habitude y attache une espèce d'impossibilité. Il y a donc beaucoup à parier que les hommes de cette trempe ne seront pas constitutionnels. Les électeurs, dans de pareilles situations, jouent en quelque sorte à une loterie politique ; ils seront très-heureux s'il leur arrive seulement un *ambe*.

Le raisonnement que l'on fait sur les hommes qui ont figuré sous les gouvernemens précédens, et duquel on déduit que ces hommes sont difficilement constitutionnels, ne peut pas s'appliquer au reste de la nation. La nation est essentiellement constitutionnelle, quoiqu'elle ait passé sous plusieurs gouvernemens, parce qu'on contracte la rouille des gouvernemens despotiques, surtout quand ils durent peu, non pas en vivant sous ces mêmes gouvernemens, mais en vivant avec eux. Or, c'est la différence qui existe entre les gouvernés et ceux qui ont vécu avec les gouvernans. C'est encore une fois la différence qui existe entre les hommes appelés à la députation, et la masse du peuple français qui les nomme. Celui-ci a appris à détester le despotisme, parce que c'est sur lui qu'a pesé sa verge de fer. Mais le rameau d'or se trouve aussi sur la route des enfers : ce n'est pas la nation qui l'a cueilli.

Placés au milieu de tant de difficultés, les électeurs ont été obligés de changer la question qu'ils avoient à se faire. Ils devoient se demander : Tel homme est-il propre à maintenir et fortifier nos institutions constitutionnelles ? ils ont été obligés de la poser « ainsi : Tel homme n'étant connu que par sa vie » avant la charte, nous ne savons pas ce qu'il sera » pour la charte : dans le doute, doit-il être élu ? » On voit que la question, de simple qu'elle étoit, se complique beaucoup, et qu'elle ne peut plus atteindre son véritable but, quelque honorable qu'en

soit

soit la solution pour le député qui seroit l'objet d'une semblable motion.

Il n'est pas étonnant, qu'une fois la question principale étant altérée, on ne puisse bientôt plus s'entendre, et qu'on ne finisse même par manquer le but qu'on s'étoit proposé. On en vient à ce point d'exagération, que par une espèce de nécessité, et faute de trouver un centre auquel ils puissent se réunir, des hommes qui étoient loin d'être *ministériels* ou *ultra-libéraux*, sont obligés de se rendre dans les salles des *ministériels* et des *ultra-libéraux*, et de s'y trouver ainsi exposés à toute espèce de séduction. Car aucune salle n'avoit été proposée pour les hommes *nationaux*. On n'avoit préparé des logemens qu'aux coteries, et les hommes modérés, qui étoient cependant en majorité, n'appartenoient pas aux coteries. La plupart abandonnoient le soin de leurs affaires ou la culture de leurs domaines, pour venir se jeter désarmés au sein de la faction qui s'agitoit sourdement depuis deux mois. Elle n'avoit d'autre but que d'emporter sur le parti ministériel une victoire locale. Le grand, le sublime triomphe de la liberté et de la charte ne fut pas mis souvent en avant par les meneurs. Et certes! dans ces banquets où le jacobinisme gastronome vouloit enivrer la sagesse des électeurs pour la faire plus facilement chanceler, le *toast* de *vive le Roi* ne fut pas une seule fois prononcé.

Les intrigues ministérielles trop franchement annoncées, n'ont pas peu contribué, en excitant l'indignation des électeurs, à les pousser pour un moment vers la faction opposée qui leur tendoit les bras, et qui leur disoit d'une voix de fausset : Vous voyez bien clairement que nos adversaires sont dans une mauvaise route ; donc nous sommes dans la bonne voie , car le contraire du mal est toujours le bien.

Les opinions des électeurs ont donc été violemment tirées de droite et de gauche ; ce qui démontre évidemment que c'est la minorité qui tourmentoit la majorité. En sorte qu'un grand nombre (tous les électeurs le diront) a donné son suffrage de guerre lasse. Il est certain que pareille chose n'auroit pas eu lieu, si, avant d'arriver aux élections, les électeurs avoient pu se former une opinion sûre touchant tel ou tel homme à élire (1). Mais, par l'effet du malheur des temps, le vote des électeurs flotte entre tel ou tel nom ; parce que, ainsi que nous l'avons démontré, les candidats présentés à leur choix n'offrent pas d'assez grandes garanties historiques.

Mais faut-il conclure du résultat des élections, qu'il exprime le vœu de la majorité? non : car lorsqu'on saura que le député que le parti *ultra-libéral* portoit avec tant de fureur, n'a été nommé qu'au second tour de scrutin, et qu'il n'a alors obtenu qu'une majorité de quelques voix, qui ont été abandonnées comme de lassitude par quelques électeurs fatigués de tant d'intrigues, et par quelques *ultra-royalistes* furieux de tant de mécomptes (car il faut toujours que, pour l'intérêt de la vérité, les partis extrêmes et rivaux abondent dans les mêmes folies), alors on sera fondé à penser, que la nomination qui a étonné l'Europe entière, doit être considérée seulement comme le fruit d'une effervescence momentanée, le triomphe d'une minorité factieuse, qui a employé tout ce qu'elle

---

(1) Ce qui rend de plus en plus indispensable la publication, de la part des préfets, de la liste des éligibles.

a d'adresse et de perfidie pour séduire la bonne foi de la majorité électorale.

En effet, au moment où le dépouillement du second tour de scrutin annonça aux intrigans que leur œuvre étoit consommée, un sourd murmure agita l'assemblée, et le cri de joie de la faction s'annonça dans les coins de la salle, par un *nous le tenons* insolemment prononcé.

Alors les yeux des électeurs furent dessillés ; ils jetèrent un regard de dédain sur ceux qui les avoient trompés, et ils retournèrent tristement dans leurs foyers, réfléchissant sur l'embarras qu'ils auroient à justifier auprès de leurs concitoyens le piége dans lequel on les avoit entraînés.

Ce qui justifie la justesse de ces observations, c'est lorsque des personnes, qui n'avoient pas le droit de vote, ont voulu, après les élections, interroger les électeurs sur les causes d'un pareil choix ; ceux-ci ont annoncé, par leur embarras ou par leur silence, que la honte d'avoir cédé aux séductions de quelques intrigans étoit encore au fond de leur cœur. Ils ont eu à se reprocher d'avoir étudié quelques jours trop tard l'histoire de la révolution.

Nous adjurons tous les électeurs honnêtes et modérés du département, de nous dire si notre pensée n'est pas en tout point conforme à la vérité.

Mais quel spectacle l'entrée de M. Grégoire dans la chambre des députés va-t-elle présenter à l'Europe ! celui qui a juré haine à tous les rois de la terre ; celui qui a dit que tous les rois étoient des monstres, va jurer de défendre un roi, et la charte, ouvrage d'un roi ! sans doute jamais abjuration si solennelle ne se sera offerte à la surprise des nations ! or, cette abjuration qu'on ne peut révoquer en doute, parce que

l'histoire est là, porte avec elle le plus noble des re-
pentirs, parce qu'elle suppose le sacrifice des idées
qui étoient sans doute chères à celui qui les a expri-
mées avec une si monstrueuse énergie.

Après un pareil serment, qui ne peut pas être
suspect (nous en avons pour gage les cheveux blancs
de celui qui le prêtera), pouvons-nous douter que
M. Grégoire ne travaille avec autant de force, et sans
doute avec plus de gloire, à l'affermissement du trône,
qu'autrefois il travailla à sa ruine ? ainsi, en trompant
l'espérance de ceux dont les vœux ont voulu l'arracher
avec violence de sa studieuse retraite, il fera ce que la
France doit attendre du serment qu'il va prêter entre
les mains de son Roi, et sa noble abjuration ne sera
pas suivie du plus criminel de tous les parjures.

Ce qu'il y a d'effrayant dans cette nomination, c'est
qu'elle réjouit à la fois les *ultra-libéraux* et les *ultra-
royalistes*. Il faut conclure de cette jubilation, que
chacune de ces deux factions fonde sur cette circonstance l'espoir d'une prochaine victoire. Il est bien certain que s'il étoit vrai, comme l'annoncent les trompettes de ces deux partis, qu'il n'y eût d'autres hommes
en France que des *ultra*, alors n'y existant que deux
partis, la victoire finiroit par appartenir à l'un ou à
l'autre ; et l'un ou l'autre auroit bien prophétisé. Mais
comme heureusement les *ultra* voient des masses là où
il ne faudroit voir que des fractions, il arrivera, nous
l'espérons, que les *ultra-libéraux*, comme les *ultra-
royalistes*, se seront également trompés dans leurs
sinistres prophéties.

Il y a néanmoins une circonstance où la nomination
de l'illustre conventionnel pourroit porter atteinte au
parti de la liberté ; ce seroit celle où, n'écoutant pas
les vœux de la France qui l'adjure de lancer un regard

sévère sur les audacieux qui ont considéré sa nomination comme le signal d'une tempête, il se jetteroit
dans les bras de ses faux amis : alors il seroit possible
qu'une grande défaveur s'attachât à toutes les motions
du côté gauche. L'équilibre seroit rompu , et le côté
droit obtiendroit un triomphe momentané. Dans
l'ivresse d'une victoire inattendue , il pourroit attirer
le gouvernement vers le penchant du précipice , et
désespérer ainsi la majorité nationale et constitutionnelle.

LETTRE VII.

20 Octobre 1819.

Encore un mot sur les ministériels.

On tomberoit dans de continuelles exagérations, et on s'exposeroit à prononcer sur quelques hommes avec beaucoup d'injustice, si, en suivant les principes des factions, on posoit en thèse que tous les individus qui ont aujourd'hui des places, ou qui aspirent à en obtenir, doivent être par cela même considérés comme *ministériels*, c'est-à-dire dévoués à l'intrigue, à la bassesse, et à une obéissance passive aux opinions de ceux dans la dépendance desquels ils se trouvent à raison de leurs fonctions.

Il faut faire la part des hommes et des choses. On peut être ministre, on peut être premier secrétaire d'un ministre, sans être *ministériel.* S'il en étoit autrement, la France seroit bien malheureuse, puisqu'elle se trouveroit comme forcée d'avance de flétrir d'un caractère odieux tous ceux qui seroient appelés à prendre l'administration de ses affaires. Autant en seroit-il d'un homme qui, obligé de donner sa confiance à un mandataire, ne pourroit faire autrement que de remettre son mandat en des mains infidèles.

Si un préjugé si funeste s'introduisoit dans la société, si une inquisition si injuste élevoit son tribunal au milieu de nous, alors il faudroit consacrer en principe qu'aucun homme de mérite ne pourroit jamais se dévouer au service des affaires de l'état, puisqu'il ne pourroit accepter aucun emploi, sans se dépouiller en quelque sorte de sa qualité d'homme de bien qu'il auroit pu mériter aux yeux de ses concitoyens dans sa conduite privée.

Il faut donc bien se garder, en examinant les hommes, d'accorder trop à la présomption défavorable qui fait censurer amèrement ceux à qui le gouvernement confie des emplois. On se garantira d'autant plus facilement de ce penchant au blâme envers les hommes publics, qu'on ne pourra douter que la critique qui les poursuit, ne prenne presque toujours naissance dans la bouche des jaloux et des ambitieux, qui ne censurent l'homme en place que par le dépit où les réduisent des vœux *ministériels* non exaucés, et de serviles intrigues non récompensées.

Qu'on y fasse attention ; s'il y a en France trois espèces d'hommes dont la conduite et les principes repoussent l'estime et attirent le blâme des bons citoyens ; ces trois espèces, les *ultra-royalistes*, les *ultra-libéraux* et les *ministériels*, sont également attirées vers un centre commun d'attraction, l'ambition et l'intrigue. Otez les nuances qui distinguent les individus, dépouillez l'homme du vêtement qui le couvre, et vous découvrirez partout le même principe du mouvement séditieux, cet intérêt exclusif que l'individu porte à l'individu lui-même, et qu'il cherche sans cesse à satisfaire au détriment de tous les autres individus qui sont autour de lui.

Si l'homme de bien, si celui que l'esprit de parti n'aveugle pas, accepte une place, il s'exposera à devenir *ministériel* un jour. Car dès qu'un homme a un emploi dans l'état, le ministre le regarde comme un cosolidaire de sa puissance ; et il est porté à croire que lorsque vous acceptez un salaire, vous recevez le prix de votre indépendance que vous avez vendue.

Mais lorsqu'un homme sage accepte une fonction dans l'état, il doit savoir distinguer le point où son devoir s'arrête, et où commenceroit la bassesse. Il saura bien à qui il doit accorder la victoire, lorsqu'il s'élèvera une lutte entre le cri de sa conscience et la voix de l'intérêt personnel, conseillère ordinaire du vice. Alors il courra la chance d'une glorieuse destitution.

LETTRE VIII.

Réponse aux objections qu'on pourroit tirer contre notre système, de ce qui s'est passé aux élections de 1819.

On nous dira peut-être que le parti mixte que nous proclamons n'existe pas, parce qu'on ne voit pas, dans les choix qui viennent d'être faits, des hommes de la couleur que nous annonçons.

Il faut bien remarquer d'abord, que fût-il vrai que les hommes modérés arrivassent cette année en grand nombre à la chambre des députés, il seroit impossible de les reconnoître encore, par cela seul que le parti de la modération n'est pas un parti, qu'il n'a point de couleur particulière, point de place spéciale dans l'intérieur de la chambre des députés, enfin presque point de feuilles publiques qui développent ses principes. Au milieu des agitations, les trois partis ont, pour ainsi dire, eux seuls le droit de parler. Les journaux *ultra* ont tour à tour chanté leurs triomphes et pallié leurs défaites. En souriant à ces vaines déclamations, plusieurs députés, qui en étoient l'objet, se disoient à eux-mêmes : « Oh ! si les partis connoissoient le fond » de notre pensée, ils garderoient le silence ; car les » citoyens, en nous donnant leur suffrage, ont vaincu » les partis ; et les éloges de ceux-ci nous humilient » presqu'autant que leurs outrages. »

Ainsi, des députés qui ont été élus par tous les départemens de la série de 1819, si l'on retranchoit tous ceux que le flux ministériel envahira, tous ceux qui, vrais échos de l'opinion générale, iront se placer aux extrémités centrales de la gauche et de la droite, et qui , d'un côté, touchant encore à la révolution , se tenant à la modération de l'autre ; placés , pour ainsi dire , entre le fanatisme politique et la puissance ministérielle , combattront tous les excès ? que resteroit-il alors aux partis *ultra* ? quelques hommes connus par l'exagération de leurs principes , arrivés à la députation , non sur le fleuve de l'opinion publique , mais poussés là comme par un de ces courans rétrogrades qu'on rencontre à l'embouchure des grandes rivières , et qui annoncent par des tourbillons le voisinage de quelque abîme.

D'ailleurs , toute espèce d'objection qu'on voudroit élever contre notre opinion tombera , lorsqu'on se rappellera ce que nous avons tâché d'expliquer en parlant du vice inhérent à la représentation actuelle. Nous avons fait sentir que , par une fatale nécessité , les hommes sur lesquels une illustration quelconque appeloit les choix , étoient en général trop imbus des préjugés qu'ils avoient contractés en vivant près des gouvernemens qui avoient précédé le règne de la charte, pour se trouver bien au niveau de l'équilibre constitutionnel. Jusqu'au moment donc où des hommes vierges du despotisme apparoîtront, l'opinion de la nation (particulièrement des cent mille électeurs) sera plus libre, plus modérée, plus constitutionnelle que celle de leurs représentans.

F I N.